JN006180

記憶王が伝授する
場所法
英単語

安河内哲也 [監修]

青木健　　[編著]
田中香名子 [イラスト]

He bought
some flowers to
encourage her.

演歌をカレッジ(大学)で
歌って励ます

三省堂

本書で学ぶみなさんへ

　「英単語が暗記できない」というのは、英語学習者から最も多く寄せられる悩みです。この問題を解決するために、私も専門家としてたくさんのアドバイスをしてきました。ただ、私のアドバイスは、あくまでも英語を専門に勉強してきた英語教師の視点からのものです。もちろん、それはすべて大切な視点です。しかし、すべてどこかで聞いたことがある方法にすぎないのかもしれません。

　本書は、メモリーアスリートであり、記憶力日本チャンピオン・世界記憶力グランドマスターの青木氏による、英語教師にはぜったい思いつかない英単語の暗記法を紹介したものです。暗記は結果がすべてです。その点から、この本で紹介されているのは、英単語の暗記において結果が出ることが保証されている方法ともいえます。

　日本語のゴロを含むストーリー、ストーリーを具体化したイラスト、そして場所法という記憶法に加えて、さらに英語を適正に使えるようにするという視点から学習効率を高めることが、監修者の私の役割です。そこで、本書を使って英単語を暗記する上で、厳守しなければならないことを述べたいと思います。

　突然ですが、みなさんの目標は英単語を覚えることではありません。TOEIC® L&R テストのスコアを上げたり、英検に合格したりすることが、多くのみなさんにとっての当面の目標であり、究極の目標は、英語が使えるようになることであるはずです。それゆえ、英単語だけ丸暗記できても、英語ができるようにならなければ本末転倒です。そこで、本書には単に英単語を覚えることにとどまらず、英語学習にとって重要な要素をしっかりと加味してあります。

　青木氏の英単語暗記法を活用する際に、以下の点をしっかり押さえて学んでください。そうすれば、本書で暗記する英単語を最大限に活用することができます。

❶ 正しい発音で学ぶこと
　ゴロ合わせでは、日本語の音（子音＋母音）が活用されます。例えば、"autonomy"という単語を「王とノミ」というゴロ合わせで学ぶわけです。しかし、これだけでは"autonomy"いう単語を耳で聞いてわかるようにはなりません。本来の発音は[ɔ:tɑnəmi]です。そこで、ゴロを足がか

りにして、ホンモノの発音を学ぶことがマストなのです。そのような観点から、本書にはすべての単語に発音記号を付してあります。また、ネイティブの音声を聞くこともできます。ネイティブの音を活用するのは、英語学習では外してはならないポイントなのです。

❷ 例文の中で学ぶこと

　英単語の意味を単体で覚えても、それだけでは使うことができません。例えば、"prevent"という単語を「妨げる」と覚えるところまでは、青木氏の方法で驚くほど簡単にできるようになります。ここで生まれた余分の時間を、ぜひ、発音に気をつけて例文を音読し、使い方とともに覚えることに使ってください。

"The storm prevented the airplane from arriving on time."
という文の中では、"prevent"は他動詞として使われており、直後に「目的語＋from＋動名詞」の語順が続いています。このようなひとかたまりの形（チャンク）を吸収することが、英単語を試験や実用で役立てるには重要であり、本書では例文中で太字にしてあります。

　私から、読者のみなさんに伝えたいことは以上の二点です。これらの点に気を付けて本書を活用すれば、最短距離でホンモノの英語力が身に付きます。

青木方式 ＋ 発音・例文 ＝ 最短・最強の英語力

　みなさんも英語のアスリートを目指して頑張りましょう！
　応援しています！

安河内 哲也

Contents 目次

「イメージとストーリーで覚える」の見出し語の発音、訳語、ストーリー、例文とその訳を音声で聴くことができます。また、本書の使い方などについて、動画を見ることもできます。左のQRコードまたは以下のURLからアクセスしてご利用ください。
https://dictionary.sanseido-publ.co.jp/vod/36142/

本書の使い方などについて、編著者が主催するBSA（ブレインスポーツアカデミー）でも動画をアップしています。以下のURLからご覧になるか、または「BSA　記憶」で検索してください。
https://www.youtube.com/playlist?
list=PL9C7tKyTvb1V9t3nHQ6k5zxNzmhNbcxFW

場所法とは？

　場所法は、自分がよく知っている場所に、覚えたいものを結び付けていく記憶の方法です。メモリースポーツという記憶力を競う競技が近年メジャーになってきており、メモリーアスリート（記憶力競技者）がトランプや数字の順番などをもの凄いスピードで大量に覚えているのを見たことがあるかもしれません。その驚くような記憶力を持っているメモリーアスリートも生まれつき記憶力が良かったわけではなく、場所法やイメージ化（記憶したいものを具体的なイメージにすること）、ストーリー法（記憶したいものを物語にすること）などの記憶法を正しく理解し、トレーニングをした結果、驚異的な記憶力を得ています。そのようなメモリーアスリートには、身に付けた記憶力で複数の言語を使いこなせる選手も珍しくありません。

　場所法自体は、紀元前の古代ギリシャからあると言われている方法で、記憶の宮殿と呼ばれることもあります。少し専門的な話になりますが、人間の脳には記憶に関係する海馬という部位があり、そこに空間認知に関わる場所細胞（プレイスニューロン）があります。一度しか行ったことのない友人の家の部屋の間取りや、駅からの道順などをなんとなく覚えているといった経験があるのではないでしょうか。英単語は覚えようとしてもなかなか記憶できない一方で、場所に関することは意外と覚えているということが、人間の場所に関する能力なのです。

　本書では、人間の場所に関する記憶力を生かした場所法を使いますが、それ以外に、単語の発音のゴロと単語の意味を結び付けて物語にしたストーリー、ストーリーを具体的なイメージにしたイラストを用いて800の英単語を記憶します。これらの方法を身に付けることで覚えやすく忘れにくくなり、その結果、短時間で大量の英単語を覚えられるようになります。

＊1　TOEICはエデュケーショナル・テスティング・サービス(ETS)の登録商標です。本書はETSの検討を受け、またその承認を得たものではありません。
＊2　発音記号ならびにカナ発音は『エースクラウン英和辞典』(三省堂)によっています。

本書の構成・使い方

　本書では、❶イメージとストーリーで覚える　❷場所法で覚える　❸場所法で復習する　という3つのステップで英単語を記憶していきます。1日に覚える単語の数は16語（1つのSection）で、これを50回（10のSectionからなるPartが5つ）学習することで800語を記憶します。これらの単語はTOEIC® L&Rテスト*1 730点以上、英検準1級合格のために厳選したものばかりです。なお、各Sectionとも比較的易しい単語から難しい単語までからなります。これは、脳にかける負担を毎日均等にすることで、途中で挫折せずに記憶できるようにするためです。

❶イメージとストーリーで覚える

　ストーリーを何度も読みながらイラストが想像できるようになるまで記憶します。つぶやくなど、声に出して読むとより効果的です。イラストを見て、即座にストーリーが出てくるまで繰り返します。同様のことを他の見出し語についても行います。1つの見出し語につき、約30秒が目安です。なお、知っている単語の場合でも、イラストとストーリーで記憶し直すことによって記憶が確かなものになるので、基本的に取り組むことをおすすめします。

　これで最初のステップは終了です。次に、今覚えたことを効率よく確実に長期記憶化できるように、場所と結び付けて記憶していきます。

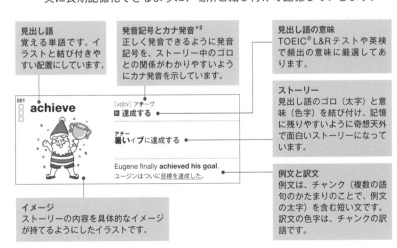

見出し語
覚える単語です。イラストと結び付きやすい配置にしています。

発音記号とカナ発音*2
正しく発音できるように発音記号を、ストーリー中のゴロとの関係がわかりやすいようにカナ発音を示しています。

見出し語の意味
TOEIC® L&Rテストや英検で頻出の意味に厳選してあります。

ストーリー
見出し語のゴロ（太字）と意味（色字）を結び付け、記憶に残りやすいように奇想天外で面白いストーリーになっています。

001
□□□
achieve

[ətʃíːv] アチーヴ
動 **達成する**

アチー
暑いイブに**達成する**

Eugene finally **achieved his goal**.
ユージンはついに**目標を達成した**。

イメージ
ストーリーの内容を具体的なイメージが持てるようにしたイラストです。

例文と訳文
例文は、チャンク（複数の語句のかたまりのことで、例文の太字）を含む短い文です。訳文の色字は、チャンクの訳語です。

❷ 場所法で覚える

通常、場所法を用いる際には、自分で場所を作るという煩雑な作業が必要になりますが、本書では身近な場所として公園など合計10か所の場所を用意することで、自分で場所を作る作業を省略できるようにしてあります。場所法を使って覚えていくやり方を具体的に説明します。

❶で覚えたイラスト（イメージ）が各プレイスの近くに示してあるので、これを❶→⑯の順に、時計回りにたどって1周します。この時、イラストをただ見るのではなく、自分が実際にその場所にいる様子を頭の中で想像して、イラストとプレイスを結び付けるようにします（これを本書では「イラストをプレイスに置く」と表現します）。具体的には、

Ⓐ 場所（全体の場所）
全体の大きな場所を示します。また、この大きな場所には、道路や草むらなどの小さな場所、噴水や鉄棒などの物が16あり、本書ではこれらをプレイスと呼びます。場所（全体の場所）はPart1〜5の同じSectionで同じものを使います。

Ⓑ プレイス
❶〜⑯の番号が付いているのがプレイスです。プレイスの番号は、時計回りに付けられており、場所の名称（ここでは「公園」）のすぐ上に❶のプレイスがあります。16のプレイスに❶の「イメージとストーリーで覚える」のイラストが示してあるので、❶〜⑯までたどりながら、プレイスにイラストを置いていきます。なお、各プレイスの名称はp.341の「プレイス一覧」で確認できます。プレイスも、Ⓐの全体の場所と同様、Part1〜5の同じSectionで同じものを使います。

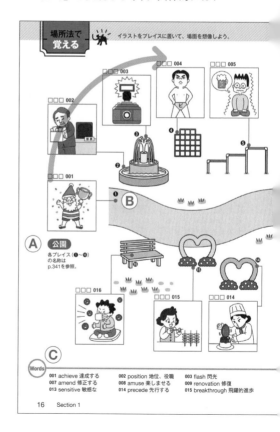

場所法で覚える　イラストをプレイスに置いて、場面を想像しよう。

Ⓐ 公園
各プレイス（❶〜⑯）の名称はp.341を参照。

Ⓒ Words
001 achieve 達成する　　002 position 地位、役職　　003 flash 閃光
007 amend 修正する　　008 amuse 楽しませる　　009 renovation 修復
013 sensitive 敏感な　　014 precede 先行する　　015 breakthrough 飛躍的進歩

16　　Section 1

道の左に「夏の格好をしたサンタ」が立っていて、次に噴水を見ると「しょんぼりした部長」がおり、吹き出た水のところでは「フラッシュが光っている」ことを、あたかも自分がそこにいるかのように想像して⓰のプレイスまでたどります。なお、知っている単語に関しても記憶を強固にするため、知らない単語と同様にしていくことをおすすめします。

これで1日の学習は終わりです。❶と❷を合わせると15分程度かかりますが、人間の集中力が続くのは約15分という説もあり、ここで一区切りとします。なお、最初はもう少し時間がかかるかもしれません。しかし、プレイスを含めて場所（全体の場所）は、Part1～5の同じSectionで同じものを使うので、Part2以降ではイラストをプレイスに置くことに慣れて短時間でできるようになります。

© Words
❶の「イメージとストーリーで覚える」で覚えた16の単語とその意味を記しています。復習の際に利用してください。

Ⓓ その他の要素
「場所法で覚える」のページには、Ⓐ～©のほかに、以下のような要素があります。

　進度バー　全体の800語のうち、これまで覚えた単語の数を示します。メモリースポーツのキャラクターとしてよく用いられるゾウのキャラクターが、800語まで導きます。

　学習日の記録　最初に学習した日や復習した日の記録に用いてください。覚えたことを定着させるには復習が欠かせません。できれば3回以上繰り返してください。

004 belief 信念　　　005 severe 厳しい　　　006 alert 警報
010 intermediate 中間の　011 persist 固執する　012 compensate 補償する
016 infect 感染させる

Ⓓ ＿月＿日／＿月＿日／＿月＿日　復習はp.72で　　17

❸ 場所法で復習する

　イメージ化やストーリー法、さらに場所法を用いても、残念ながら1回覚えただけで記憶が定着するわけではありません。各Partの最後にある復習ページで、見出し語から意味が出てくるかを確認します。場所法を用いた復習により、英文やリスニングなどで見出し語が出てきた時に、スムーズに意味が出てくるようになります。

　さらに、p.341のプレイス一覧を利用し、どこのプレイスにどんなイラストがあったかを頭の中に思い浮かべるだけで、記憶した単語を漏れなく復習できます。また、プレイスをたどることに慣れてくると、寝る直前の布団の中や風呂の中など本書を見ることのできない状況でも復習できるようになり、より効率よく復習できます。復習により記憶していない単語がはっきりすることで、きちんと覚えなくてはならないという意識が働き、強く記憶することができます。

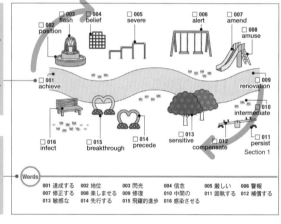

プレイス（見出し語）
❷で使用した場所の各プレイスに見出し語があります。❷の時と同様、時計回りに1周しますが、今度は見出し語を見ながら意味が出てくるかを確認します。なお、チェックボックスが色の単語からスタートします。

Words
プレイスにある単語の意味です。復習の際に利用してください。❶で複数の意味を記した単語では、最初の意味だけを示しています。

□ 003 flash　□ 004 belief　□ 005 severe　□ 006 alert　□ 007 amend
□ 002 position　　　　　　　　　　　　　　　　　　　　□ 008 amuse
□ 001 achieve
　　　　　　　　　　　　　　　　　　　　　　　　□ 009 renovation
　　　　　　　　　　　　　　　　　　　　　　　　□ 010 intermediate
□ 016 infect　□ 015 breakthrough　□ 014 precede　□ 013 sensitive　□ 012 compensate　□ 011 persist
　　　　　　　　　　　　　　　　　　　　　　　　　　　　Section 1

Words
001 達成する　002 地位　003 閃光　004 信念　005 厳しい　006 警報
007 修正する　008 楽しませる　009 修復　010 中間の　011 固執する　012 補償する
013 敏感な　014 先行する　015 飛躍的進歩　016 感染させる

　1つのPartを終了したら次のPartに移り、同様のことを繰り返していきます。初めは各プレイスで前のイメージが残っているかもしれませんが、新たなイメージを結び付けていくことで前のイメージは消えていきます。「前のイメージが消えることで、単語と意味も忘れてしまうのでは？」と心配になるかもしれませんが、場所法で復習したことで単語と意味が強くつながっているので問題ありません。プレイスは「単語と意味を効率よく結び付ける一時的な保管庫」の役割を果たしているのです。

Part 1

見出し語
001〜160

We can enjoy **a variety of foods** in Tokyo.

001 achieve

[ətʃíːv] ア**チー**ヴ
動 **達成する**

暑いィブに達成する

Eugene finally **achieved his goal**.
ユージンはついに目標を達成した。

002 position

[pəzíʃən] ポ**ズィ**ション
名 **地位、役職**

保持しようとしたが、部長の地位を追われる

Mary **applied for the position**.
メアリーは、その役職に応募した。

003 flash

[flǽʃ] フ**ラ**シュ
名 **閃光**

カメラの**フラッシュ**で閃光が走る

I **saw a flash of light** near the woods.
私は森の近くで閃光を見た。

004 belief

[bəlíːf] ビ**リー**フ
名 **信念**

ブリーフをはく信念

It is **against my belief**.
それは私の信念に反します。

005 severe

[səvíər] スィ**ヴィ**ア
形 **厳しい**

しびれて**ビア**を持つのは**厳しい**

He stayed home due to **severe weather**.
厳しい天候のため、彼は自宅にとどまった。

006 alert

[ələ́:rt] ア**ラー**ト
名 **警報**

あら～と驚いたのは、警報が鳴ったから

There is **a typhoon alert** in Kyushu.
九州に台風警報が出ています。

007 amend

[əménd] ア**メ**ンド
動 **修正する**

アーモンドの形を修正する

We must **amend the manual**.
私たちはマニュアルを修正しなければなりません。

008 amuse

[əmjú:z] ア**ミュー**ズ
動 **楽しませる**

アミューズメントパークで子どもたちを
楽しませる

The comedian **amused his audience**.
そのコメディアンは観客を楽しませた。

009
☐☐☐
renovation

[rènəvéiʃən] レナ**ヴェ**イション
名 **修復**

例の鍋に**しよう**、修復終わったから

The building is **under a major renovation**.
その建物は<u>大規模修復中</u>です。

010
☐☐☐
intermediate

[intərmíːdiət] インタミーディエト
形 **中間の**

インターで「**めでたい**」と中間の車線にいる

We should reduce **the intermediate steps**.
私たちは<u>中間段階</u>を削減しなければならない。

011
☐☐☐
persist

[pərsíst] パ**スィ**スト
動 **固執する**

「**パ**ーマ**死す**とは許せない」とパーマに固執する

He **persisted in going** his own way.
彼は自分のやり方を<u>貫くことに固執した</u>。

012
☐☐☐
compensate

[kámpənsèit] **カ**ンペンセイト
動 **補償する**

紺の**ペン**で**生徒**に補償する

We **compensated for the damages**.
私たちは<u>損害を補償した</u>。

013 sensitive

[sénsətiv] センスィティヴ
形 敏感な

扇子で**恥部**を隠すなんて**敏感な**！

Be **sensitive to customer needs**.
お客様のニーズに敏感であれ。

014 precede

[prisíːd] プリスィード
動 先行する

プリンに**シード**（種）を乗せる競技では、
相手に**先行する**

No agreement **precedes this contract.**
この契約に先行する合意はない。

015 breakthrough

[bréikθrùː] ブレイクスルー
名 飛躍的進歩

針をコーン**フレーク**に**スルー**する（通す）
技術の**飛躍的進歩**

We **achieved a breakthrough** in robotics.
当社はロボット工学における飛躍的進歩を達成した。

016 infect

[infékt] インフェクト
動 感染させる

インドア（室内）で**フェク**ション**と**くしゃ
みして**感染させる**

He became **infected with the disease.**
彼は病気に感染した。

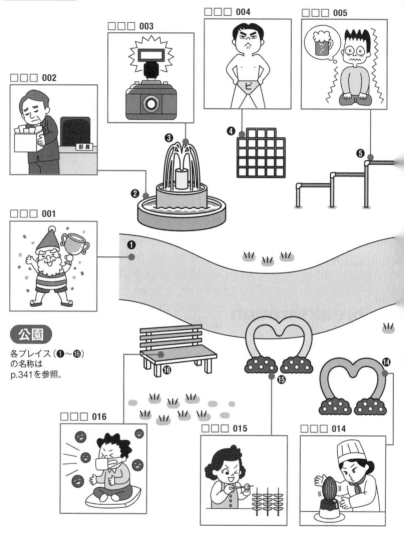

□□□ 001
□□□ 002
□□□ 003
□□□ 004
□□□ 005
□□□ 014
□□□ 015
□□□ 016

公園

各プレイス（❶〜⓰）
の名称は
p.341を参照。

部長

ビ

Words

001 achieve 達成する　　002 position 地位、役職　　003 flash 閃光
007 amend 修正する　　　008 amuse 楽しませる　　009 renovation 修復
013 sensitive 敏感な　　　014 precede 先行する　　　015 breakthrough 飛躍的進歩

□□□ 006
□□□ 007
□□□ 008
□□□ 009
□□□ 010
□□□ 013
□□□ 012
□□□ 011

004 belief 信念
005 severe 厳しい
006 alert 警報
010 intermediate 中間の
011 persist 固執する
012 compensate 補償する
016 infect 感染させる

017 invent

[invént] イン**ヴェ**ント
動 **発明する**

インド料理用の**弁当**箱を発明する

I **invented a new device** to catch insects.
私は昆虫を捕獲する<u>新しい装置を発明した</u>。

018 opportunity

[àpərtjúːnəti] アパ**テュー**ニティ
名 **機会**

尾っぽに**チュー**して**寝て〜**、なんて素晴らしい**機会**

His vacation was **a good opportunity** to practice French.
彼の休暇はフランス語を練習する<u>よい機会</u>だった。

019 available

[əvéiləbl] ア**ヴェ**イラブル
形 **入手できる**

阿部いる！　**ラベル**は入手できる

Are there any **available tickets**?
<u>入手できるチケット</u>はありますか。

020 replace

[ripléis] リプ**レ**イス
動 **置き換える**

リップを**レース**の賞品と置き換える

We **replaced the machines** with new ones.
私たちは<u>機械を新しいものと置き換えた</u>。

021 refuse

[rifjúːz] リ**フュー**ズ
🔊 **拒否する**

リーフ（葉）を**冬ず**っと拒否する

Janet **refused to work** on Saturdays.
ジャネットは土曜日に働くことを拒否した。

022 exotic

[igzátik] イグ**ザ**ティク
🔊 **異国の**

駅に**ゾウ**がいる**地区**は、異国の雰囲気

That restaurant serves **exotic foods**.
そのレストランでは異国の料理を出す。

023 fond

[fánd] **ファン**ド
🔊 **好きな**

フォンドヴォーを好きな味に作る

Yuji **is fond of eating lunch** outdoors.
ユウジは屋外で昼食を食べるのが好きだ。

024 adapt

[ədǽpt] ア**ダ**プト
🔊 **適応する**

アダプターを使って適応する

We should **adapt to social changes**.
私たちは社会の変化に適応するべきだ。

025 restrict

[ristríkt] リスト**リ**クト
動 **制限する**

リス捕り、**陸と**空で**制限する**

The museum **restricts the number** of visitors.
その博物館は訪問者の数を制限している。

026 meanwhile

[míːnʰwàil] **ミ**ーン(ホ)ワイル
副 **その間に**

ミントを**ファイル**の、**その間に**はさむ

Ken was sleeping; **meanwhile, Liz was reading**.
ケンは寝ていた。その間にリズは読書をしていた。

027 massive

[mǽsiv] **マ**スィヴ
形 **巨大な**

マスばっかり**巨大な**やつが釣れた

A massive typhoon is headed towards Okinawa.
巨大な台風が沖縄に向かっている。

028 caution

[kɔ́ːʃən] **コ**ーション
名 **警戒、用心**

コショウにう**ん**と警戒

Please handle that package **with caution**.
その荷物は用心して扱ってください。

029 imply

［implái］インプ**ライ**
動 暗示する

インクないことを暗示する

His silence **implied agreement**.
彼の沈黙は<u>同意を暗示していた</u>。

030 consolidation

［kənsùlədéiʃən］コンサリ**デイ**ション
名 合併

コンビの**剃り**こみ**で**いいっ**しょ**、とグループを**合併**

The manager **approved the consolidation** of the groups.
マネジャーは<u>グループの合併を承認した</u>。

031 rigid

［rídʒəd］**リ**ヂド
形 硬い

理事が**じっと**しているのは**硬い**からだ

The rigid frames are made from steel.
<u>その硬いフレームは鋼鉄製だ</u>。

032 inhabit

［inhǽbət］イン**ハ**ビト
動 生息する

部屋に**イン**すると、**ハブ**じっと生息する

Many wild animals **inhabit this park**.
多くの野生動物が<u>この公園に生息している</u>。

場所法で **覚える**

イラストをプレイスに置いて、場面を想像しよう。

□□□ 018

□□□ 019

□□□ 020

❸ FASHION

❹

□□□ 017

じゃ～ん

❷

GAME CENTER

❶

モール

各プレイス（❶〜⓰）
の名称は
p.341を参照。

⓰

□□□ 032

⓯

⓮

⓭

□□□ 031

□□□ 030

□□□ 029

じ っ

ピピ

Words

017 invent 発明する
023 fond 好きな
029 imply 暗示する

018 opportunity 機会
024 adapt 適応する
030 consolidation 合併

019 available 入手できる
025 restrict 制限する
031 rigid 硬い

22   Section 2

020 replace 置き換える
021 refuse 拒否する
022 exotic 異国の
026 meanwhile その間に
027 massive 巨大な
028 caution 警戒、用心
032 inhabit 生息する

033 industry

[índəstri] **イン**ダストリ
名 産業

イン（中）から**出す**と**鳥**になる産業

We are the largest company in **the lighting industry**.
当社は<u>照明産業</u>の最大手だ。

034 variety

[vəráiəti] ヴァ**ラ**イエティ
名 多様性

バラエティ番組は**多様性**にあふれる

We can enjoy **a variety of foods** in Tokyo.
東京では<u>食べ物の多様性</u>を楽しめる。

035 failure

[féiljər] **フェ**イリャ
名 失敗

フェイントで**ルアー**を投げるのに**失敗**

He has never **experienced a failure** before.
彼はこれまで<u>失敗を経験</u>したことがない。

036 offer

[ɔ́:fər] **オー**ファ
動 提供する

お麩と**ファー**を提供する

They **offered a good job** to me.
彼らは私に<u>よい仕事を提供した</u>。

037 physical

[fízikəl] フィズィカル
形 身体の

富士山軽々登るには、身体の元気が重要

Construction requires hard **physical work**.
建築はきつい身体作業を要する。

038 harvest

[háːrvəst] ハーヴェスト
名 収穫

「はー」とある**ベスト**着て収穫をする

This year's **corn harvest** is very large.
今年のトウモロコシの収穫はとても多い。

039 premise

[prémis] プレミス
名 前提

プレゼントに**ミス**がある前提で考える

Your argument is based on **a wrong premise**.
君の議論は間違った前提に基づいている。

040 flatter

[flǽtər] フラタ
動 お世辞を言う

上司部下の関係なく、**フラット**に**な～**と
お世辞を言う

The salesperson **flattered the customer**.
販売員は顧客にお世辞を言った。

25

041
institute
[ínstətʃùːt] イン**スティテュート**
名 機関

インスタを**チュー**と一緒に撮る**機関**

I applied for a job at **a research institute**.
私は研究機関の職に応募した。

042
inform
[infɔ́ːrm] イン**フォーム**
動 知らせる

イン（中）の**フォーム**（形）がどうなっているか知らせる

He **informed the employees** of the change.
彼は変更について従業員に知らせた。

043
regulation
[règjəléiʃən] レギュ**レ**イション
名 規制

冷遇を**例**に**しよう**、携帯食の規制で

What are the **regulations about pets**?
ペットについての規制は何がありますか。

044
critic
[krítik] ク**リ**ティク
名 批評家

栗ティーを飲む**批評家**

Several critics commented on his works.
何人かの批評家が彼の作品にコメントした。

045 priority

［praió:rəti］プライオーリティ

名 優先

暗い檻でも**ティー**を飲むのが**優先**

Priority seats are located in every car.
優先席は全車両にある。

046 bargain

バーゲン!! 70% off 50% off 30% off

［bá:rɡən］バーゲン

名 安売り(品)

バーゲンではどんどん**安売り**になる

You'll find **a lot of bargains** there.
そこで多くの安売り品が見つかるよ。

047 emission

［imíʃən］イミション

名 排出(量)

笑みで**しょん**便して排出

Greenhouse gas emissions were lowered by 5%.
温室効果ガス排出量は5%低下した。

048 specify

［spésəfài］スペスィファイ

動 特定する、指定する

スペード**支配**している人を**特定する**

Please **specify the method** of payment.
支払の方法を指定してください。

場所法で **覚える**　　イラストをプレイスに置いて、場面を想像しよう。

□□□ 036

□□□ 037

□□□ 038

□□□ 035

❺

❻

❹

❸

□□□ 034

❷

⓯

⓰

□□□ 033

WELCOME

❶

遊園地

各プレイス（❶〜⓰）
の名称はp.341を参照。

□□□ 048

□□□ 047

Words

033 industry 産業　　　034 variety 多様性　　　035 failure 失敗
039 premise 前提　　　040 flatter お世辞を言う　041 institute 機関
045 priority 優先　　　046 bargain 安売り（品）　047 emission 排出（量）

039
040
041
042
043
044
046
045

036 offer 提供する   037 physical 身体の   038 harvest 収穫
042 inform 知らせる   043 regulation 規制   044 critic 批評家
048 specify 特定する、指定する

049 observe

[əbzə́ːrv] オブ**ザ**ーヴ
動 観察する

おばさんの**さ～ぶ**い様子を**観察する**

The doctor **observed the way** he walked.
医者は彼が歩く<u>様子を観察した</u>。

050 gradually

[grǽdʒuəli] グ**ラ**チュアリ
副 徐々に

グラッ、**10**の**アリ**で**徐々に**傾く

I am **gradually buying furniture** for our house.
私は自宅のために<u>徐々に家具を買って</u>いる。

051 aspect

[ǽspekt] **ア**スペクト
名 側面

「**あっすっぺい**」と思う、**側面**を見るだけで

We discussed **every aspect of the plan**.
私たちは<u>計画の全側面</u>について議論した。

052 convince

[kənvíns] コン**ヴィ**ンス
動 説得する

このびんに**酢**を入れるよう**説得する**

I **convinced** Ann **to apply** for the job.
私はアンを<u>説得して</u>求人に<u>応募させた</u>。

053 regular

[régjələr] レギュラ
形 規則的な

レギュラーになるための**規則的な**生活

Regular exercise is good for health.
規則的な運動は健康によい。

054 charge

[tʃáːrdʒ] チャーヂ
動 請求する

ICカードに**チャージ**した料金を**請求する**

They **charged a fee** for this service.
彼らはこのサービスに料金を請求した。

055 relevant

[réləvənt] レラヴァント
形 関連する

リーリー言う**ランナー**は**バント**と関連する

Your comments **are relevant to this issue**.
君の意見はこの問題と関連している。

056 outlay

[áutlèi] アウトレイ
名 経費

会うと冷麺に経費を使う

The total outlay is 4 million yen.
総経費は400万円である。

057 relieve

[rilíːv] リリーヴ
動 緩和する

リリーフ投手の起用を**緩和する**

This medicine will **relieve your back pain**.
この薬はあなたの背中の痛みを緩和するだろう。

058 virtually

[vɚ́ːrtʃuəli] ヴァーチュアリ
副 事実上

ばあちゃんの**チャリ**は**事実上**危ない

That plan seems **virtually impossible**.
その計画は事実上不可能と思われる。

059 kickoff

[kíkɔ̀ːf] キコーフ
名 開始

キックオフの合図で**開始**

Our **ad campaign's kickoff** was successful.
私たちの広告キャンペーンの開始は成功だった。

060 engage

[ingéidʒ] インゲイヂ
動 従事する

円の**ゲージ**を見ることに**従事する**

Oscar **engages in advertising**.
オスカーは広告に従事している。

061 reception

[risépʃən] リ**セプ**ション
名 受信

レシーブで**商**品を受信

Wi-Fi reception is not good here.
ここでは<u>WiFiの受信</u>がよくない。

062 strive

[stráiv] スト**ライ**ヴ
動 努力する

ストリート**ライブ**で努力する

We **are striving for perfection**.
私たちは<u>完璧を求めて努力している</u>。

063 content

[kántent] **カ**ンテント
名 内容

紺色**テント**の中の内容は？

Write the contents of the package on this form.
この用紙に<u>包みの内容を記入</u>してください。

064 interact

[intərǽkt] インタ**ラ**クト
動 相互作用する、かかわる

陰に**堕落**する**と**、相互作用する

Yuri hated **interacting with clients**.
ユリは<u>顧客とかかわる</u>のがいやだった。

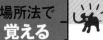

Words

049 observe 観察する	**050** gradually 徐々に	**051** aspect 側面
055 relevant 関連する	**056** outlay 経費	**057** relieve 緩和する
061 reception 受信	**062** strive 努力する	**063** content 内容

052 convince 説得する　　053 regular 規則的な　　054 charge 請求する
058 virtually 事実上　　059 kickoff 開始　　060 engage 従事する
064 interact 相互作用する、かかわる

月　日　月　日　月　日　　復習はp.73で

35

065 proper

[prápər] プラパ
形 適切な

プロなので**パー**な生徒にも**適切な**指導ができる

What is **the proper way** to dispose of this paint?
この塗料を処分する適切な方法は何ですか。

066 issue

[íʃuː] イシュー
名 問題

いいシューがないことが問題

I've fixed **several major issues**.
いくつかの大きな問題を解決しました。

067 subject

[sʌ́bdʒikt] サブヂクト
名 主題

サブレで**ジェット**機を**主題**に話し合う

What is **the subject of the lecture**?
その講義の主題は何ですか。

068 sort

[sɔ́ːrt] ソート
動 分類する

壊さないように、**そ〜と分類する**

Piper **sorted the mail** by department.
パイパーは部門ごとに郵便物を分類した。

PART 1

069
deliver

[dilívər] ディ**リ**ヴァ
🔊 配達する

デリバリーでピザを**配達する**

We'll **deliver your order** tomorrow.
明日ご注文の品を配達します。

070
plot

[plát] プ**ラ**ト
🔊 策略

プロと**策略**を考える

Police **discovered a plot** to kidnap her.
警察は彼女を誘拐する策略を発見した。

071
practical

[præktikəl] プ**ラ**クティカル
🔊 実用的な

プラを**口**に**軽**く入れるのに**実用的な**もの

Jim always gives me **practical advice**.
ジムはいつも私に実用的な助言をしてくれる。

072
exception

[iksépʃən] イク**セ**プション
🔊 例外

絵に**癖**は**プラ**スで**しょう**、**例外**なく

We **made an exception** to the policy.
当社はポリシーに例外を認めた。

PART 2

PART 3

PART 4

PART 5

37

073 intense

[inténs] インテンス
形 強烈な

忌む！ 10の酢（テン）の強烈な臭い

Jacob had **an intense reaction** to the medicine.
ジェイコブはその薬に強烈な反応をした。

074 justify

[dʒʌ́stəfài] ヂャスティファイ
動 正当化する、正当性を示す

「ジャストファイブ（5時）！」と正当化する

Can you **justify buying a new car**?
新車購入の正当性を示せますか。

075 controversial

[kɑ̀ntrəvə́:rʃəl] カントロヴァーシャル
形 議論を呼ぶ

歓喜した トラ がバーの上で "**Shall** we dance?" と言って議論を呼ぶ

That new law is **quite controversial**.
その新しい法律はかなり議論を呼んでいる。

076 increasingly

[inkrí:siŋli] インクリースィングリ
副 徐々に

インク 持った リス が寝具に、徐々にこぼす

The situation is becoming **increasingly difficult**.
状況は徐々に難しくなっている。

077 prompt

[prámpt] プランプト
形 迅速な

プロがうんとふとんを敷く迅速なやり方

We appreciate **your prompt reply**.
迅速な返答に感謝します。

078 loyalty

[lɔ́iəlti] ロイアルティ
名 忠誠

牢屋でティーをもらったので忠誠を示す

Joe **feels loyalty** to his company.
ジョーは会社に忠誠を感じている。

079 portfolio

[pɔːrtfóuliòu] ポートフォウリオウ
名 書類入れ

ボートが 4（フォー）でリオに書類入れを運ぶ

He **opened his portfolio** to take out his resume.
彼は書類入れを開けて履歴書を取り出した。

080 corrupt

[kərápt] コラプト
形 堕落した、腐敗した

子らがプッとするのは堕落した幼稚園

The corrupt police officer was put in jail.
その腐敗した警官は投獄された。

FOOD

リオ行き

\プッ/

スポーツジム

各プレイス（❶～⓰）
の名称は
p.341を参照。

Words

065 proper 適切な　　　　066 issue 問題　　　　　067 subject 主題
071 practical 実用的な　　072 exception 例外　　　073 intense 強烈な
076 increasingly 徐々に　 077 prompt 迅速な　　　 078 loyalty 忠誠

068 sort 分類する　　　069 deliver 配達する　　　070 plot 策略
074 justify 正当化する、正当性を示す　　　075 controversial 議論を呼ぶ
079 portfolio 書類入れ　　　080 corrupt 堕落した、腐敗した

081 describe

[diskráib] ディスク**ラ**イブ
動 **表現する、説明する**

ディスクの上で**ライブ**やって自分を**表現する**

Morgan **described his trip** to Egypt.
モーガンはエジプトへの旅行について説明した。

082 vehicle

[ví:ikl] **ヴィー**イクル
名 **車両**

ビー（蜂）**来る車両**

You need a license to **drive a vehicle**.
車両を運転するには免許が必要だ。

083 research

[rísə:rtʃ] **リ**サーチ
名 **研究**

リサが**アーチ**の**研究**をしている

They **conducted research** on consumer behavior.
彼らは消費者行動の研究を行った。

084 avoid

[əvɔ́id] ア**ヴォ**イド
動 **避ける**

アボカドを**井戸**に隠れて**避ける**

I try to **avoid meeting him**.
私は彼に会うのを避けるようにしている。

085 knowledge

[nálidʒ] ナリヂ
名 知識

ノーレジという**知識**を伝える

Jeff **has a lot of knowledge** about plants.
ジェフは植物について多くの知識を持っている。

086 forgive

[fərgív] フォ**ギ**ヴ
動 許す

フォー（4つ）で**ギブ**アップしたので**許す**

The manager **forgave his mistakes**.
マネジャーは彼のミスを許した。

087 stock

1・2・3…

[sták] ス**タ**ク
名 在庫

ストックの**在庫**を調べる

The item is **out of stock**.
その品物は在庫切れです。

088 structure

反対

[stráktʃər] スト**ラ**クチャ
名 構造

ストは**楽**に**茶**を飲む人がいる社会の**構造**
による

This chart shows **our business structure**.
この図表は当社の事業構造を示している。

089
electronic

[ilèktránik] イレクト**ラ**ニク
形 **電子の**

エレクトーンの上の**トロ**と**肉**に電子の衝撃が走る

Please turn off all **electronic devices**.
すべての<u>電子機器</u>の電源を切ってください。

090
capture

[kǽptʃər] **キャプ**チャ
動 **捕まえる**

キャッチャーを捕まえる

The police officer **captured the thief**.
その警官は<u>泥棒を捕まえた</u>。

091
spectator

[spéktèitər] ス**ペ**クテイタ
名 **観客**

「**スペード9**は**手痛**い！」と観客が叫ぶ

Dozens of spectators watched the show.
<u>大勢の観客</u>がそのショーを観た。

092
defeat

[difíːt] ディ**フィー**ト
名 **敗北**

デブに**フィート**差で敗北

Tom finally **admitted his defeat**.
トムはついに<u>敗北を認めた</u>。

093 immigration

[ìməgréiʃən] イミグ**レ**イション
名 **移民**

「**移民**コング**ラ**チュ**レーション**」と移民を祝う

The immigration rules have been updated many times.
移民規則は何度も改正されている。

094 surplus

売上

[sə́:rpləs] **サ**ープラス
名 **黒字**

「**さ**ープラスだ」と力を合わせて黒字にする

The company **posted a surplus** of $ 500,000.
その会社は50万ドルの黒字を計上した。

095 idle

[áidl] **ア**イドル
形 **動いていない**

アイドルは動いていないイメージ

The factory **remained idle** for three months.
工場は3か月間動いていないままだった。

096 autonomy

[ɔːtánəmi] オー**タ**ノミ
名 **自治**

王とノミが**自治**を行うことに決めた

The island **was granted autonomy** in 1990.
その島は1990年に自治が認められた。

□□□ 083
□□□ 084
□□□ 085
□□□ 082
□□□ 081

部屋

各プレイス（❶～⓰）
の名称は
p.341を参照。

□□□ 096
□□□ 095
□□□ 094

売上

Words

081 describe 表現する、説明する　　082 vehicle 車両　　083 research 研究
087 stock 在庫　　088 structure 構造　　089 electronic 電子の
093 immigration 移民　　094 surplus 黒字　　095 idle 動いていない

□□□ 086

□□□ 087
1・2・3…

□□□ 088
反対

⑥

⑦
12
9 3
6

⑧
○月
日月火水木金土
○○○○○○○
○○○○○○○
○○○○○○○
○○○○○○○

□□□ 089
e e e
e
e

⑨

□□□ 090

⑩

⑪

□□□ 091
JOKER
ワ~ハハ~

⑬

⑫

□□□ 093

□□□ 092
30cm

PART 1
PART 2
PART 3
PART 4
PART 5

084 avoid 避ける
090 capture 捕まえる
096 autonomy 自治

085 knowledge 知識
091 spectator 観客

086 forgive 許す
092 defeat 敗北

097 recall

[rikɔ́ːl] リコール
動 思い出す、覚えている

リスがコールしている様子を思い出す

Do you **recall the name** of the customer?
そのお客様の名前を覚えていますか。

098 disturb

[distə́ːrb] ディスターブ
動 乱す

This タブレット（錠剤）を乱す

The news **disturbed me**.
その知らせは私の心を乱した。

099 author

[ɔ́ːθər] オーサ
名 著者

「王さ！」著者は

Jamal is **the author of four books**.
ジャマールは4冊の本の著者です。

100 retire

[ritáiər] リタイア
動 退職する

リオのタイヤ工場を退職する

He **retired from the company** last month.
彼は先月会社を退職した。

101 performance

[pərfɔ́ːrməns] パフォーマンス
名 演技

「パフォーマーーざん**す**」と演技をする

The actor gave **an excellent performance.**
その俳優は素晴らしい演技をした。

102 minister

[mínəstər] ミニスタ
名 大臣

ミニな**スター**に大臣が乗っている

The prime minister attended the meeting.
総理大臣が会議に出席した。

103 identical

[aidéntikəl] アイデンティカル
形 同一の

愛、電池、**力**は同一の者から

Dustin's umbrella **is identical to mine.**
ダスティンの傘は私のものと同一だ。

104 beverage

[bévəridʒ] ベヴァリヂ
名 飲み物

ビーバーは**エイジ**（歳）なので飲み物を
飲む

Alcoholic beverages are not allowed in the park.
公園ではアルコール飲料は許可されない。

105 circumstance

[sə́ːrkəmstæns] サーカムスタンス
名 状況

「**さー来い**！」という**スタンス**の状況

What were **the circumstances of the accident**?
事故の状況はどうでしたか。

106 briefly

[bríːfli] ブリーフリ
副 簡潔に

ブリーフを**フリー**に、簡潔に振る

Joanne **briefly described** the project.
ジョアンはプロジェクトを簡潔に説明した。

107 luxury

[lʌ́kʃəri] ラクシャリ
名 ぜいたく

ラグに**ジュエリー**を並べるのは**ぜいたく**

The family lived **in extreme luxury**.
その一家はきわめてぜいたくに暮らした。

108 convert

[kənvə́ːrt] コンヴァート
動 切り替える

コンビの**バード**が切り替える

It is expensive to **convert to solar energy**.
太陽エネルギーに切り替えるのは高くつく。

109 resort

[rizɔ́:rt] リゾート
動 頼る

リゾート地の観光産業に**頼る**

He never **resorted to violence.**
彼は決して暴力に頼らなかった。

110 supervise

[súːpərvàiz] スーパヴァイズ
動 監督する

スーパーマンが**倍**の**酢**を監督する

She **supervises a sales team.**
彼女は営業チームを監督している。

111 founder

[fáundər] ファウンダ
名 創立者

「**ファ**」と言い、**運動**する創立者

The founder of this company retired last year.
この会社の創立者は昨年引退した。

112 enhance

[inhǽns] インハンス
動 高める

円に**判し**て価値を**高める**

The company **enhanced the quality** of its products.
その会社は製品の品質を高めた。

場所法で **覚える**

イラストをプレイスに置いて、場面を想像しよう。

□□□ 098

□□□ 099

□□□ 100

□□□ 097

MOSHI MOSHI

❶

❷

❸

❹

校庭

各プレイス（❶〜⓰）
の名称はp.341を参照。

⓮

⓭

⓰

□□□ 112

□□□ 111

⓯

ファ

□□□ 110

酢×2

□□□ 109

観光産業
（リゾート地）

Words

097 recall 思い出す、覚えている
103 identical 同一の
109 resort 頼る

098 disturb 乱す
104 beverage 飲み物
110 supervise 監督する

099 author 著者
105 circumstance 状況
111 founder 創立者

112 800

100 retire 退職する　101 performance 演技　102 minister 大臣
106 briefly 簡潔に　107 luxury ぜいたく　108 convert 切り替える
112 enhance 高める

 月　日　月　日　月　日　復習はp.75で　53

113 annual

[ǽnjuəl] **ア**ニュアル
形 **年に一度の**

姉に**会**える**の**は**年に一度のこと**

Tomorrow is **the town's annual festival.**
明日は町の年に一度の祭りです。

114 resource

[ríːsɔːrs] **リ**ーソース
名 **資源**

リスの**ソース**は資源

Japan has few **natural resources.**
日本には天然資源がほとんどない。

115 regret

[rigrét] リグ**レ**ト
動 **後悔する**

リーダーとして**グレ**ていた**と**きのことを見て後悔する

She **regrets saying too much.**
彼女は言い過ぎたことを後悔している。

116 fade

[féid] **フェ**イド
動 **色あせる**

変！　**井戸**が色あせる

The waiting room chairs **began to fade.**
待合室の椅子が色あせ始めた。

117
conflict

[kánflikt] カンフリクト
名 紛争

コーンフレーク取ると**紛争**になる

The event **escalated the conflict**.
その出来事は<u>紛争を悪化させた</u>。

118
crisis

[kráisəs] クライスィス
名 危機

暗い中で**寿司**を食べるのは**危機**の時

Yoko stayed calm **during the crisis**.
ヨーコは<u>危機の間</u>落ち着いたままでいた。

119
cuisine

[kwizíːn] クウィズィーン
名 料理

キィウィで**ジーン**とする**料理**

This restaurant serves **Italian cuisine**.
このレストランは<u>イタリア料理</u>を出す。

120
genuine

[dʒénjuən] ヂェニュイン
形 正真正銘の

寺院に**入院**したのは**正真正銘の**こと

She gave **a genuine smile**.
彼女は<u>正真正銘のほほえみ</u>を浮かべた。

121 grocery

[gróusəri] グロウサリ
名 食料品店

顔に**グロス**を塗った**猿**が食料品店にいる

Sophia bought milk **at a local grocery**.
ソフィアは地域の食料品店で牛乳を買った。

122 overwhelming

[òuvərhwélmiŋ] オウヴァ(ホ)**ウェ**ルミング
形 圧倒的な

オーバーに増える**民具**は圧倒的な

There was **overwhelming applause** for the singer.
その歌手に圧倒的な拍手が送られた。

123 dominate

[dámənèit] **ダ**ミネイト
動 支配する

ドミグラスが**ねーと**怒り、国を支配する

The U.S. **dominates the world economy**.
米国は世界経済を支配している。

124 occasional

[əkéiʒənəl] オ**ケ**イジョナル
形 時折の

お化粧して**なる**姿は時折のことだ

Occasional fishing was his pleasure.
時折の釣りが彼の楽しみだった。

125 quote

[kwóut] クウォウト
名 見積り

食おうとするには**見積り**が必要

Wendy compared **quotes for a new fence**.
ウェンディは<u>新しい塀の見積り</u>を比較した。

126 venue

[vénju:] ヴェニュー
名 会場

やべ～、お**ニュー**を売ってる**会場**に行かなくちゃ

Mia **looked for a venue** for the party.
ミアはパーティー<u>会場を探した</u>。

127 tackle

[tækl] タクル
動 取り組む

タックルの練習に**取り組む**

She **is tackling too many issues** at once.
彼女は一度に<u>多くの問題に取り組み</u>すぎる。

128 clarify

[klǽrəfài] クラリファイ
動 解明する、明確にする

クラリネットを**ファイ**トで解明する

Please **clarify what you mean**.
<u>あなたが言いたいことを明確にして</u>ください。

57

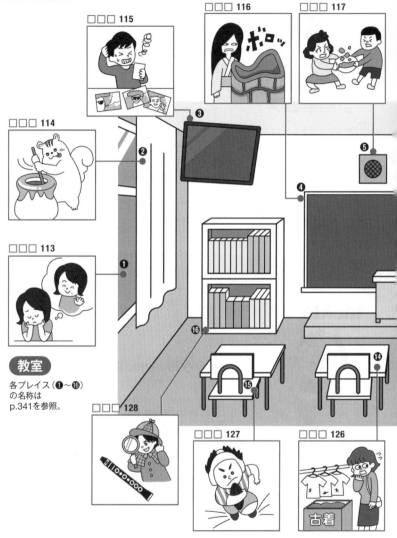

場所法で **覚える** イラストをプレイスに置いて、場面を想像しよう。

□□□ 115
□□□ 116
□□□ 117
□□□ 114
□□□ 113

教室

各プレイス（❶〜⓰）
の名称は
p.341を参照。

□□□ 128
□□□ 127
□□□ 126

Words

113 annual 年に一度の	**114** resource 資源	**115** regret 後悔する
119 cuisine 料理	**120** genuine 正真正銘の	**121** grocery 食料品店
125 quote 見積り	**126** venue 会場	**127** tackle 取り組む

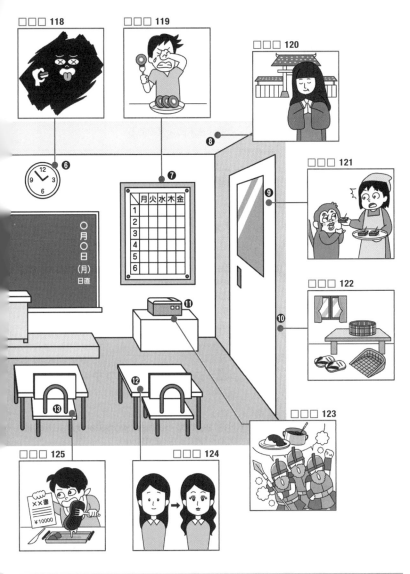

116 fade 色あせる　　117 conflict 紛争　　118 crisis 危機
122 overwhelming 圧倒的な　123 dominate 支配する　124 occasional 時折の
128 clarify 解明する、明確にする

129 fundamental

[fÀndəméntl] ファンダ**メ**ントル
形 **基本的な**

ファンだ、**メンタル**が強いのは**基本的**
なこと

Freedom is **a fundamental human right**.
自由は<u>基本的人権</u>である。

130 focus

[fóukəs] **フォ**ウカス
名 **焦点**

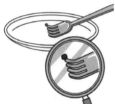

フォークの**カス**に**焦点**をあてる

The new hiring policy is **the focus of the meeting**.
新しい雇用方針が<u>会議の焦点</u>だ。

131 popularity

[pÀpjəlǽrəti] パピュ**ラ**リティ
名 **人気**

沖縄で**ポピュ**ラーな**ラフテー**が**人気**にな
る

The author **gained popularity** after her book became a movie.
その著者は、自著が映画化されたあと<u>人気を得た</u>。

132 convenient

[kənví:njənt] コン**ヴィ**ーニェント
形 **便利な**

コンビニは**円と**ドルが使えて**便利な**店

Our store is in **a convenient location**.
当店は<u>便利な場所</u>にある。

133
individual

[ìndəvídʒuəl] インディ**ヴィ**チュアル
形 個別の

インド人の**ビジュアル**は個別のものだ

We pay attention to **individual needs**.
私たちは個別のニーズに注意を払う。

134
derive

[diráiv] ディ**ライ**ヴ
動 由来する

CD**でライブ**に**由来する**音源を聴く

Her name **derives from her grandmother**.
彼女の名前は祖母に由来している。

135
luggage

[lʌ́gidʒ] **ラ**ギヂ
名 荷物

ラグの上で**エイジング**・ビーフ（熟成牛肉）
の入った**荷物**を開ける

You can **leave your luggage** at the front desk.
フロントであなたの荷物を預けられます。

136
modest

[mάdəst] **マ**デスト
形 控えめな

「**桃です**」と**控えめな**感じで渡す

I like **his modest attitude**.
私は彼の控えめな態度が好きだ。

61

137
pharmacy

[fáːrməsi] **ファーマスィ**
名 **薬局**

ファーマー（農場主）がビタミン **C** を薬局で買う

The nearest pharmacy is across from the hospital.
一番近い薬局は病院の真向かいです。

138
layer

[léiər] **レイア**
名 **層**

レーザーをえ**いヤー**と層に当てる

A thick layer of leaves covered the ground.
木の葉の厚い層が地面を覆っていた。

139
athletic

[æθlétik] **アスレティク**
形 **運動の**

アスレチックはよい運動の機会

His athletic ability is impressive.
彼の運動能力は見事だ。

140
warehouse

[wéərhàus] **ウェアハウス**
名 **倉庫**

上に煙突が**ある**ハウスを探してたら倉庫に着いた

There was a fire in **our storage warehouse**.
保管倉庫で火事があった。

141 cough

[kɔ́ːf] コーフ
名 せき

古風な女性が**せき**をする

His loud coughs interrupted the meeting.
彼の大きなせきが会議を中断させた。

142 alliance

[əláiəns] アライアンス
名 同盟

一緒に**洗い**、**安**心す**る**同盟

Ted and Jori **formed a business alliance**.
テッドとジョリは仕事上の同盟を組んだ。

143 concede

[kənsíːd] コンスィード
動 譲歩する

コーンと**シード**（種）の交換でしかたなく譲歩する

Carl **gradually conceded** on the issue.
カールはその問題について徐々に譲歩した。

144 harass

[hərǽs] ハラス
動 嫌がらせをする

腹に**酢**かける嫌がらせをする

Alex is not a person who **harasses his subordinate**.
アレックスは部下に嫌がらせをするような人ではない。

場所法で
覚える

イラストをプレイスに置いて、場面を想像しよう。

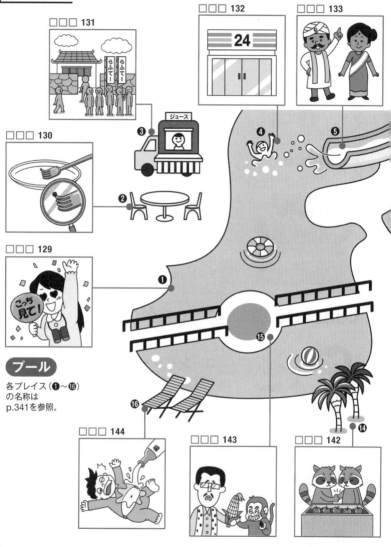

□□□ 132

□□□ 133

□□□ 131

③

□□□ 130

②

□□□ 129

こっち見て！

①

プール

各プレイス（❶～⑯）
の名称は
p.341を参照。

⑯

□□□ 144

□□□ 143

□□□ 142

④

⑤

⑮

⑭

Words

129 fundamental 基本的な　　130 focus 焦点　　　　　131 popularity 人気
135 luggage 荷物　　　　　　136 modest 控えめな　　137 pharmacy 薬局
141 cough せき　　　　　　　142 alliance 同盟　　　　143 concede 譲歩する

132 convenient 便利な　133 individual 個別の　134 derive 由来する
138 layer 層　139 athletic 運動の　140 warehouse 倉庫
144 harass 嫌がらせをする

145 □□□ accept

[əksépt] アク**セ**プト
動 受け入れる

あくせくと働くことを受け入れる

Please **accept my apologies**.
どうぞ私の謝罪を受け入れてください。

146 □□□ refer

[rifə́ːr] リ**ファ**ー
動 参照する

リアルの**ファー**を参照する

For details, please **refer to the manual**.
詳細についてはマニュアルを参照してください。

147 □□□ profit

[práfət] プ**ラ**フィト
名 利益

プロ向け**フィット**ネスクラブは利益が出る

The owner **divided the profits** with the employees.
オーナーは従業員と利益を分け合った。

148 □□□ announce

[ənáuns] ア**ナ**ウンス
動 発表する

アナウンサーが発表する

Rita **announced the winners** of the contest.
リタはコンテストの入賞者を発表した。

PART 1
PART 2
PART 3
PART 4
PART 5

149 develop

[divéləp] ディヴェロブ
動 開発する

ディベート用ラップを開発する

ABC company **is developing new software**.
ABC社は新しいソフトウェアを開発している。

150 threat

[θrét] スレト
名 脅威

スレっと脅威をかわす

Plastic garbage is **a threat to the oceans**.
プラスチックごみは海に対する脅威である。

151 illustrate

[íləstrèit] イラストレイト
動 説明する

イライラしてストレートに感情をぶつけた理由を説明する

Sven **illustrated his idea** with a map.
スヴェンは地図で彼の考えを説明した。

152 manufacture

[mænjəfǽktʃər] マニュファクチャ
動 製造する

マニアが「ファック！」とチャーシューを製造する

That company **manufactures car parts**.
その会社は自動車部品を製造する。

67

153 diagram

[dáiəgræm] ダイアグラム
名 図表

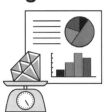

ダイヤの**グラム**数を図表にする

Please **look at the diagram** on page seven.
7ページの図表を見てください。

154 incredible

[inkrédəbl] インク**レ**ディブル
形 信じられない

「**イン**ク**くれ、ダブル**で！」なんて信じられない

Mr. Tanaka shared **the incredible news** with his team.
田中氏はその信じられない知らせをチームと共有した。

155 contribution

[kàntrəbjúːʃən] カントリ**ビュー**ション
名 貢献

コンビの**鳥**が**ビュー**と、**ちゃん**と飛んできて貢献してくれる

Roderick **made many contributions**.
ロデリックは多くの貢献をした。

156 department

[dipáːrtmənt] ディ**パー**トメント
名 部門

デパートで**面と**向かうと迷う、様々な部門（売り場）があるから

Hanako works in **the accounting department**.
花子は経理部門で働いている。

157 primitive

[prímətiv] プリミティヴ
形 原始的な

プリティーに**ミット**を**イブ**にあげるのは原始的な人

This equipment is **slightly primitive** but effective.
この装置は<u>やや原始的</u>だが効率的である。

158 oversight

[óuvərsàit] オウヴァサイト
名 監視

おばさんが**サイ**と監視をする

You should ensure **oversight of risk management**.
君は<u>リスク管理の監視</u>を確実に行うべきだ。

159 infrastructure

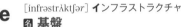

[ínfrəstrʌ̀ktʃər] インフラストラクチャ
名 基盤

インドと**フラン**スの**スト**を見ながら**楽**に**茶**を飲み、生活基盤について考える

The city is improving **road infrastructure**.
市は<u>道路基盤</u>を改良している。

160 relocate

[ri:lóukeit] リーロウケイト
動 移転する

理路整然と話す人が**毛糸**を移転する

The shop **relocated closer to the airport**.
その店は<u>飛行場のより近くに移転</u>した。

場所法で **覚える**　　　イラストをプレイスに置いて、場面を想像しよう。

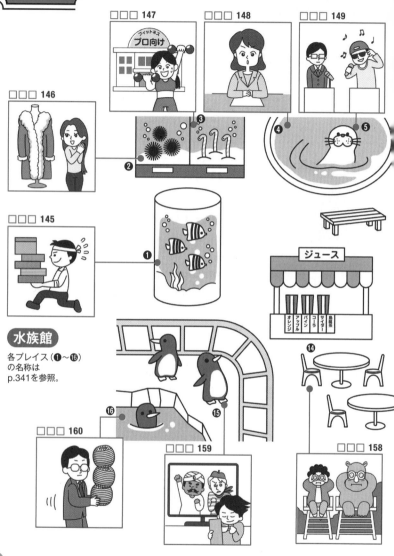

□□□ 147

□□□ 148

□□□ 149

□□□ 146

□□□ 145

水族館

各プレイス（❶～⓰）
の名称は
p.341を参照。

ジュース

オレンジ／アップル／パイン／コーラ／サイダー／野菜汁

□□□ 160

□□□ 159

□□□ 158

 Words

145 accept 受け入れる	146 refer 参照する	147 profit 利益
151 illustrate 説明する	152 manufacture 製造する	153 diagram 図表
157 primitive 原始的な	158 oversight 監視	159 infrastructure 基盤

148 announce 発表する　149 develop 開発する　150 threat 脅威
154 incredible 信じられない　155 contribution 貢献　156 department 部門
160 relocate 移転する

単語の意味を思い出せるか確認しよう。

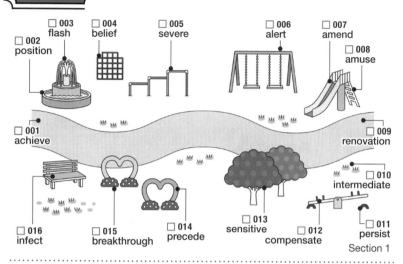

- □ 002 position
- □ 003 flash
- □ 004 belief
- □ 005 severe
- □ 006 alert
- □ 007 amend
- □ 008 amuse
- □ 001 achieve
- □ 009 renovation
- □ 010 intermediate
- □ 011 persist
- □ 012 compensate
- □ 013 sensitive
- □ 014 precede
- □ 015 breakthrough
- □ 016 infect

Section 1

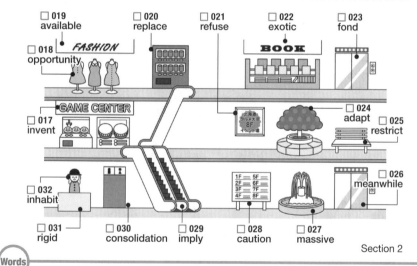

- □ 018 opportunity
- □ 019 available
- □ 020 replace
- □ 021 refuse
- □ 022 exotic
- □ 023 fond
- □ 017 invent
- □ 024 adapt
- □ 025 restrict
- □ 026 meanwhile
- □ 032 inhabit
- □ 031 rigid
- □ 030 consolidation
- □ 029 imply
- □ 028 caution
- □ 027 massive

FASHION
BOOK
GAME CENTER
北海道グルメ大会 8F イベント場
1F＝5F 2F＝6F 3F＝7F 4F＝8F

Section 2

Words

001 達成する	002 地位	003 閃光	004 信念	005 厳しい	006 警報
007 修正する	008 楽しませる	009 修復	010 中間の	011 固執する	012 補償する
013 敏感な	014 先行する	015 飛躍的進歩	016 感染させる		
017 発明する	018 機会	019 入手できる	020 置き換える	021 拒否する	022 異国の
023 好きな	024 適応する	025 制限する	026 その間に	027 巨大な	028 警戒
029 暗示する	030 合併	031 硬い	032 生息する		

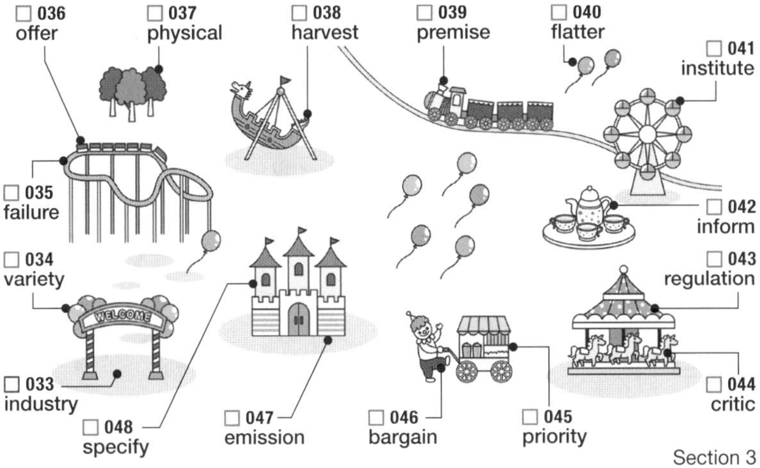
036 offer
037 physical
038 harvest
039 premise
040 flatter
041 institute
035 failure
042 inform
034 variety
043 regulation
WELCOME
033 industry
044 critic
048 specify
047 emission
046 bargain
045 priority

Section 3

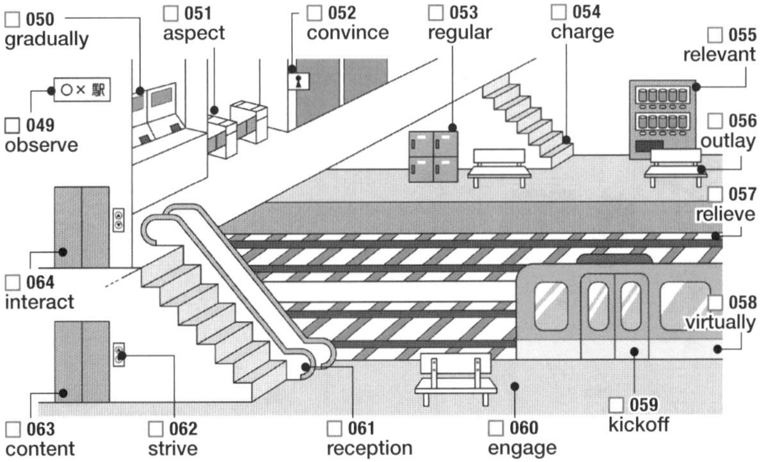
050 gradually
051 aspect
052 convince
053 regular
054 charge
055 relevant
○×駅
049 observe
056 outlay
057 relieve
064 interact
058 virtually
059 kickoff
063 content
062 strive
061 reception
060 engage

Section 4

033 産業	034 多様性	035 失敗	036 提供する	037 身体の	038 収穫
039 前提	040 お世辞を言う	041 機関	042 知らせる	043 規制	044 批評家
045 優先	046 安売り(品)	047 排出(量)	048 特定する		
049 観察する	050 徐々に	051 側面	052 説得する	053 規則的な	054 請求する
055 関連する	056 経費	057 緩和する	058 事実上	059 開始	060 従事する
061 受信	062 努力する	063 内容	064 相互作用する		

Section 3 月 日 月 日 月 日 Section 4 月 日 月 日 月 日

場所法で **復習する** 単語の意味を思い出せるか確認しよう。

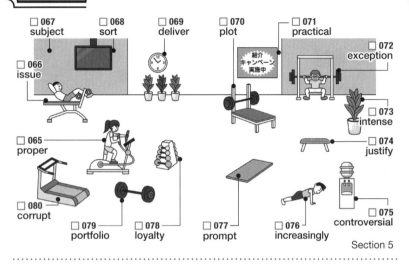

☐ 067 subject
☐ 068 sort
☐ 069 deliver
☐ 070 plot
☐ 071 practical
☐ 072 exception
☐ 066 issue
紹介 キャンペーン 実施中
☐ 073 intense
☐ 065 proper
☐ 074 justify
☐ 080 corrupt
☐ 079 portfolio
☐ 078 loyalty
☐ 077 prompt
☐ 076 increasingly
☐ 075 controversial

Section 5

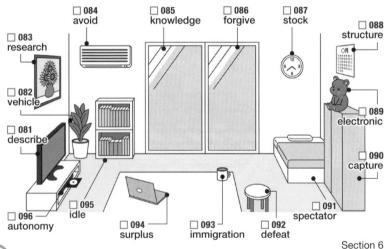

☐ 083 research
☐ 084 avoid
☐ 085 knowledge
☐ 086 forgive
☐ 087 stock
☐ 088 structure
☐ 082 vehicle
☐ 089 electronic
☐ 081 describe
☐ 090 capture
☐ 096 autonomy
☐ 095 idle
☐ 094 surplus
☐ 093 immigration
☐ 092 defeat
☐ 091 spectator

Section 6

Words

065 適切な	066 問題	067 主題	068 分類する	069 配達する	070 策略
071 実用的な	072 例外	073 強烈な	074 正当化する	075 議論を呼ぶ	076 徐々に
077 迅速な	078 忠誠	079 書類入れ	080 堕落した		
081 表現する	082 車両	083 研究	084 避ける	085 知識	086 許す
087 在庫	088 構造	089 電子の	090 捕まえる	091 観客	092 敗北
093 移民	094 黒字	095 動いていない	096 自治		

74   Section 5   月 日 月 日 月 日   Section 6   月 日 月 日 月 日

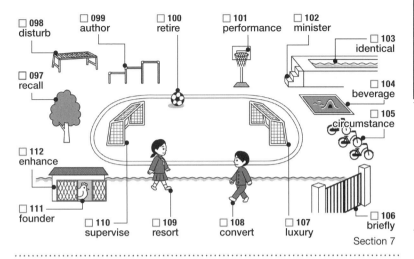

Section 7

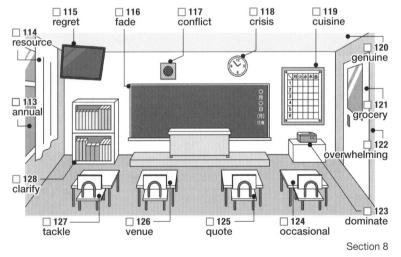

Section 8

097 思い出す	098 乱す	099 著者	100 退職する	101 演技	102 大臣
103 同一の	104 飲み物	105 状況	106 簡潔に	107 ぜいたく	108 切り替える
109 頼る	110 監督する	111 創立者	112 高める		
113 年に一度の	114 資源	115 後悔する	116 色あせる	117 紛争	118 危機
119 料理	120 正真正銘の	121 食料品店	122 圧倒的な	123 支配する	124 時折の
125 見積り	126 会場	127 取り組む	128 解明する		

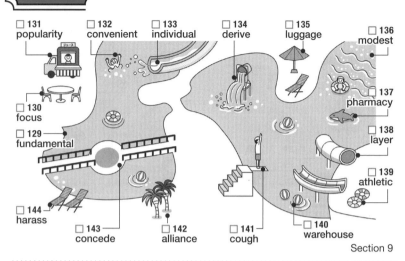

- □ 131 popularity
- □ 132 convenient
- □ 133 individual
- □ 134 derive
- □ 135 luggage
- □ 136 modest
- □ 137 pharmacy
- □ 138 layer
- □ 139 athletic
- □ 130 focus
- □ 129 fundamental
- □ 144 harass
- □ 143 concede
- □ 142 alliance
- □ 141 cough
- □ 140 warehouse

Section 9

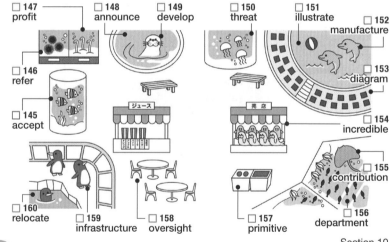

- □ 147 profit
- □ 148 announce
- □ 149 develop
- □ 150 threat
- □ 151 illustrate
- □ 152 manufacture
- □ 153 diagram
- □ 146 refer
- □ 145 accept
- □ 154 incredible
- □ 155 contribution
- □ 160 relocate
- □ 159 infrastructure
- □ 158 oversight
- □ 157 primitive
- □ 156 department

Section 10

Words

129 基本的な	130 焦点	131 人気	132 便利な	133 個別の	134 由来する
135 荷物	136 控えめな	137 薬局	138 層	139 運動の	140 倉庫
141 せき	142 同盟	143 譲歩する	144 嫌がらせをする		
145 受け入れる	146 参照する	147 利益	148 発表する	149 開発する	150 脅威
151 説明する	152 製造する	153 図表	154 信じられない	155 貢献	156 部門
157 原始的な	158 監視	159 基盤	160 移転する		

Part 2

見出し語
161〜320

The red balloon **soared into the sky.**

161 remark

[rimáːrk] リマーク
名 発言

「り」マークの人の発言

Robert got angry at **her rude remark**.
ロバートは<u>彼女の失礼な発言</u>に怒った。

162 manage

[mǽnidʒ] マニヂ
動 成し遂げる

マネージャーが成し遂げる

We **managed to keep** our market share.
当社は市場シェアの<u>維持を成し遂げた</u>。

163 extreme

[ikstríːm] イクストリーム
形 極端な

エキスを**鳥**に**無**駄にかけるのは極端なことだ

I didn't feel well because of **the extreme heat**.
<u>極端な暑さ</u>のため私は気分がよくなかった。

164 remote

[rimóut] リモウト
形 遠い

リモートで遠い人と会議をする

I don't mind living in **a remote area**.
私は<u>遠い地域</u>に住んでもかまわない。

165 feature

[fíːtʃər] フィーチャ
名 特徴、機能

不意に**チャー**シュー麺を作るのがその人の特徴

This device has **many useful features**.
この機器には多くの役立つ機能がある。

166 revise

[riváiz] リヴァイズ
動 修正する

リバー（川）で**椅子**を修正する

George **revised the report** using the new data.
ジョージは新しいデータで報告書を修正した。

167 checkup

[tʃékʌ̀p] チェカプ
名 点検

チェックしながら**アップ**（上へ上へ）と点検をしていく

This machine needs **a regular checkup**.
この機械は定期的な点検が必要です。

168 abandon

[əbǽndən] アバンドン
動 放棄する、あきらめる

あばら骨の**どん**ぶりを放棄する

Don't **abandon your dreams**!
夢をあきらめないで！

169 currency

[kə́ːrənsi] **カ**ーレンスィ
名 **通貨**

彼氏の通貨

The currency of Mexico is the peso.
メキシコの通貨はペソだ。

170 analyze

[ǽnəlàiz] **ア**ナライズ
動 **分析する**

穴の**サイズ**を**分析する**

The scientist carefully **analyzed the data.**
その科学者は慎重にデータを分析した。

171 bind

[báind] **バ**インド
動 **縛る**

バインダーを縛る

He **bound the newspapers** with a string.
彼はひもで新聞を縛った。

172 chronicle

[kránikl] ク**ラ**ニクル
名 **年代記**

黒い**肉**（にく）で**狂**ったと**年代記**には書いてある

Iris finished writing **a spectacular chronicle.**
アイリスは壮大な年代記を書き終えた。

173 affiliate

[əfílièit] アフィリエイト
動 加入させる

アフェリエイト広告に加入させる

He **is affiliated with the club**.
彼はクラブに加入している。

174 assemble

[əsémbl] アセンブル
動 組み立てる

「**あっ千ドル**でいいよ」と言って**組み立てる**

This oven **was assembled in Vietnam**.
このオーブンはベトナムで組み立てられた。

175 impulse

[ímpʌls] インパルス
名 衝動

犬、**パ**ッと**留守**にするのは**衝動**で

I bought this new jacket **on impulse**.
私は衝動的にこの新しい上着を買った。

176 confidential

[kànfədénʃəl] カンフィデンシャル
形 秘密の

コンフィでらっしゃる**秘密**の調理法

He carelessly left **the confidential letter** on the desk.
彼はうっかり秘密の手紙を机の上に置いておいた。

場所法で **覚える**　イラストをプレイスに置いて、場面を想像しよう。

□□□ 164

□□□ 165

□□□ 163

□□□ 162

❸

❷

❹

❺

□□□ 161

❶

公園

各プレイス（❶〜⓰）
の名称は
p.341を参照。

⓰

⓯

⓮

□□□ 176

□□□ 175

□□□ 174

あっ

$1000

Words

161 remark 発言　　　162 manage 成し遂げる　　　163 extreme 極端な
167 checkup 点検　　　168 abandon 放棄する、あきらめる　　　169 currency 通貨
173 affiliate 加入させる　　　174 assemble 組み立てる　　　175 impulse 衝動

177 process

[práses] プラセス
名 **過程**

プロ接するのは、プロレスができた**過程**

We use robots in **our production process**.
当社の生産過程ではロボットを使っている。

178 numerous

[njúːmərəs] ニューメラス
形 **多数の**

ぬ〜ま
沼 に**ラス**ク、多数のものが埋まってる

Yuji has **numerous credit cards**.
ユージは多数のクレジットカードを持っている。

179 patient

[péiʃənt] ペイシェント
名 **患者**

「ペイしねぇ」と患者が会計する

The medical team **treated 60 patients**.
その医療チームは60人の患者を治療した。

180 fortunate

[fɔ́ːrtʃənət] フォーチュネト
形 **幸運な**

フォークに**チュー**し**ねぇ**と幸運なこと
は起こらない

We support **less fortunate children**.
当社は幸運ではない子どもたちを支援している。

181 demand

[dimǽnd] ディ**マ**ンド
名 需要

でかい**メンド**リは**需要**がある

Demand for precious metals is increasing.
貴金属の需要は増加している。

182 equipment

[ikwípmənt] イク**ウィ**プメント
名 機器

行くと**一杯**の**麺**と**ライス**が出てくる機器

We will replace **our office equipment**.
私たちは事務機器を交換する予定だ。

183 bulletin

[búlətən] **ブ**レティン
名 掲示

ブリが**ティー**を飲んでいるという**掲示**

A notice was posted on **a bulletin board**.
通知が掲示板に貼られていた。

184 endure

[indjúər] イン**デュ**ア
動 我慢する

インドア（室内）で**我慢する**

Jeff **endures complaints** from the customers.
ジェフは客からの苦情を我慢している。

185
instruction

[instrÁkʃən] インスト**ラ**クション
名 **指示**

インストラクターが、**しよう**と指示を
する

The manager gave **precise instructions**.
マネージャーは的確な指示を出した。

186
opponent

[əpóunənt] オ**ボ**ウネント
名 **敵**

お坊さんが**寝んと**するのは敵がいるから

Sara thought of Taki as **her main opponent**.
サラはタキを主な敵だと考えていた。

187
intend

[inténd] インテンド
動 **意図する**

インドア（室内）に**テント**置くことを意
図する

We **intend to withdraw** from the market.
当社はその市場からの撤退を意図している。

188
interfere

[intərfíər] インタ**フィ**ア
動 **干渉する**

院内で笛を吹いて患者に干渉する

Please don't **interfere in our life**.
私たちの生活に干渉しないでください。

189 substance

[sʌ́bstəns] サブスタンス
名 物質

サーブの**スタンス**のまま**物質**を持っている

Ethanol is **a chemical substance**.
エタノールは化学物質だ。

190 prey

[préi] プレイ
名 獲物

プレイしながら**獲物**を狙う

He **hunted prey** on horseback.
彼は馬に乗って獲物を追った。

191 mobility

[moubíləti] モウビリテイ
名 可動性

猛牛が**ビリ**ッと**T**シャツを破いたので**可動性**ができた

This exercise will **improve mobility** and balance.
このエクササイズは可動性とバランスを高めます。

192 logistics

[loudʒístiks] ロウ**ヂ**スティクス
名 物流

老人が**スティック**の**物流**を点検

The company **offers a logistics service**.
その会社は物流サービスを提供している。

場所法で覚える イラストをプレイスに置いて、場面を想像しよう。

モール

各プレイス（❶〜⓰）の名称はp.341を参照。

Words

177 process 過程　　178 numerous 多数の　　179 patient 患者
183 bulletin 掲示　　184 endure 我慢する　　185 instruction 指示
189 substance 物質　　190 prey 獲物　　191 mobility 可動性

181 demand 需要
182 equipment 機器
186 opponent 敵
187 intend 意図する
188 interfere 干渉する
192 logistics 物流

月 日　月 日　月 日　復習はp.138で　89

193 entertain

[èntərtéin] エンタテイン
動 楽しませる

エンターテインナーが客を楽しませる

The actress **entertained the audience** to the last.
その女優は最後まで観客を楽しませた。

194 benefit

[bénəfit] ベネフィット
名 利点

バネが**フィット**するという利点

Tourism **brings many benefits** to this island.
観光はこの島に多くの利点をもたらしている。

195 concentrate

[kánsəntrèit] カンセントレイト
動 集中する

コンセント取れーと集中する

She fully **concentrated on the task.**
彼女は完全にその作業に集中した。

196 represent

[rèprizént] レプリゼント
動 代表する

リップは**プレゼント**を代表するものだ

Ursula will **represent her company** at the convention.
ウルスラはその会議で彼女の会社を代表する。

197 immediately

［imíːdiətli］イミーディエトリ
副 ただちに

「いい**身**で**エエ取りー**」と言われ、ただちに買う

Immediately get out of here.
ここをただちに出ていきなさい。

198 surpass

［səːrpǽs］サーパス
動 超える

サーブと**パス**でネットを超える

The camera I bought the other day **surpassed my expectations**.
先日買ったカメラは私の期待を超えた。

199 detect

［ditékt］ディテクト
動 見つける

表に**出てく**と見つける

We **detected the problem** quickly.
私たちはすばやく問題を見つけた。

200 furthermore

［fə́ːrðərmɔ̀ːr］ファーザモー
副 さらに

ファーザーが「**も〜っと**」と、さらにおかわりする

This report is too long, **and furthermore**, useless.
この報告書は長すぎる、そしてさらに役に立たない。

201 approve

[əprúːv] アプ**ルー**ヴ
動 **承認する**

承認する書類が多すぎて、**アップ**アップの**老婆**

The client **approved the contract.**
お客様はその契約を承認した。

202 mount

[máunt] **マ**ウント
動 **取り付ける**

マウンテンでマン**ト**を取り付ける

The engineer **mounted the parts** to the clock.
技師は時計に部品を取り付けた。

203 complement

[kámpləmənt] **カ**ンプリメント
動 **補完する**

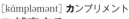

紙の代わりに、**昆布**を**プリ**ンタに**麺と**一緒に補完する

Various apps **complement our core product.**
各種アプリが当社のコア製品を補完している。

204 inspection

[inspékʃən] インスペクション
名 **検査**

イン（中）が**す**っ**ぺえクッション**なので検査をする

We conducted **a routine inspection.**
私たちは定期検査を実施した。

205 corporation

\ コーポで一緒! /

[kɔ̀:rpəréiʃən] コーポ**レイ**ション
名 企業

「**コーポで一緒**」と言って営業する**企業**

Tom works at **a large corporation** in Tokyo.
トムは東京の大企業で働いている。

206 certificate

サッと見るだけ

緋色の毛糸の○○書

[sərtífikət] サ**ティ**フィケト
名 証明書

サッと緋毛糸の証明書を見る

Successful students will **get a certificate**.
合格した生徒は証明書をもらえます。

207 agenda

あっ

[ədʒéndə] ア**ヂェ**ンダ
名 議題

あっ! **ジェンガ**の下に会議の**議題**

Terry **emailed the meeting agenda** to everyone.
テリーは全員に会議の議題をメールした。

208 proximity

[prɑksíməti] プラク**スィ**ミティ
名 近接

プロ棋士見て〜、と近接

The proximity to the airport is a big plus.
空港への近接は大きな利点だ。

イラストをプレイスに置いて、場面を想像しよう。

196

プレゼントランキング
1 リップ
クリーム

197

198

195

④

③

194

②

193

WELCOME

①

⑯

⑮

遊園地

各プレイス（①〜⑯）
の名称はp.341を参照。

208

207

あっ

Words

193 entertain 楽しませる　　194 benefit 利点　　195 concentrate 集中する
199 detect 見つける　　200 furthermore さらに　　201 approve 承認する
205 corporation 企業　　206 certificate 証明書　　207 agenda 議題

94　　Section 3

□□□ 199
□□□ 200
□□□ 201
□□□ 202
□□□ 203
□□□ 204
□□□ 205
□□□ 206

196 represent 代表する　　197 immediately ただちに　　198 surpass 超える
202 mount 取り付ける　　203 complement 補完する　　204 inspection 検査
208 proximity 近接

209 population

[pὰpjəléiʃən] パピュ**レイ**ション
名 **人口**

ポピュラーな**しょん**べん小僧があるのは
人口の多いところ

The world population is over 7 billion.
世界の人口は70億を超えている。

210 include

[inklúːd] イン**ク**ルード
動 **含む**

インク持って**来るど**ー、なので仲間に含
む

The report **includes data** gotten from the government.
その報告書は政府から得られたデータを含む。

211 decrease

これ、でくれす！

[dikríːs] ディク**リース**
動 **減少する**

「これ、**でくれす**！」と言うと、値段が減
少する

The number of customers **decreased by 50%**.
顧客の数は50%減少した。

212 encourage

[inkə́ːridʒ] イン**カー**リヂ
動 **励ます**

演歌を**カレッジ**（大学）で歌って**励ます**

He bought some flowers to **encourage her**.
彼は彼女を励ますために花を買った。

213 □□□ infant

[ínfənt] インファント
形 幼児の

イン（中）から**ふぁーんと**臭うのは**幼児**のおむつ

Henry got some clothes for **his infant son**.
ヘンリーは息子のために幼児服を買った。

214 □□□ psychology

[saikálədʒi] サイ**カ**ロヂ
名 心理学

サイコロの「**G**」を心理学で考える
（ジー）

Understanding **behavioral psychology** can help your business.
行動心理学を理解すれば事業に有益でしょう。

215 □□□ property

[prápərti] プ**ラ**パティ
名 財産

プロの**パティ**シエが財産を築く

We should safeguard our **intellectual property**.
私たちは知的財産を保護するべきだ。

216 □□□ persuade

[pərswéid] パス**ウェ**イド
動 説得する

パーマかけて**スウェット**着た人を説得する

We **persuaded him to leave**.
私たちは彼を説得して出て行かせた。

217 fund

[fʌ́nd] **ファ**ンド
名 基金

ファン、どこでも**基金**をつのる

They set up **a relief fund** after the disaster.
彼らは災害後に救済基金を設立した。

218 react

[riǽkt] リ**ア**クト
動 反応する

リアルな**悪党**に反応する

How did she **react to your gift**?
彼女はあなたの贈り物にどう反応しましたか。

219 assure

[əʃúər] ア**シュ**ア
動 保証する

足が**シュワ**ッとするのを保証する

The factory **assures the safety** of its staff.
その工場は職員の安全を保証している。

220 forecast

[fɔ́ːrkæst] **フォ**ーキャスト
動 予測する

フォー（4人）の**キャスト**を予測する

We **forecasted the future market conditions**.
私たちは将来の市況を予測した。

221 depression

[dipréʃən] ディプ**レ**ション
名 **不況**

デブを**プレスしよう**、でも**不況**になるよ

We did not dismiss anyone **during the depression**.
当社は不況の間誰も解雇しなかった。

222 bid

[bíd] ビド
名 **入札**

ビットコインで入札

Hugo accepted **the lowest bid**.
ヒューゴーは最低価格の入札を受諾した。

223 fragile

[frǽdʒəl] フ**ラ**ヂル
形 **もろい**

ブラジル人は涙もろい

Calcium deficiency can cause **fragile bones**.
カルシウム不足はもろい骨の原因になりかねない。

224 outlet

[áutlèt] **ア**ウトレト
名 **出口**

アウトレットの出口に向かう

Cut down branches within 5 m of **a chimney outlet**.
煙突の出口から5メートル以内にある木の枝を切りなさい。

Words

209 population 人口
210 include 含む
211 decrease 減少する
215 property 財産
216 persuade 説得する
217 fund 基金
221 depression 不況
222 bid 入札
223 fragile もろい

212 encourage 励ます
218 react 反応する
224 outlet 出口

213 infant 幼児の
219 assure 保証する

214 psychology 心理学
220 forecast 予測する

225 discovery

[diskávəri] ディス**カ**ヴァリ
名 発見

デスか？ バリで**発見**されたのは

Finding water on Mars was **an important discovery**.
火星上に水を見つけたのは重要な発見だった。

226 device

[diváis] ディ**ヴァイ**ス
名 装置

出刃が**椅子**についた恐ろしい**装置**

This portable device has a light sensor in it.
この持ち運べる装置は光センサーを内蔵している。

227 contact

[kántækt] **カ**ンタクト
動 接触する

コンタクトレンズに**接触する**

Shelley **contacted the lawyer** of her enemy.
シェリーは敵の弁護士に接触した。

228 establish

[istǽbliʃ] イス**タ**ブリシュ
動 確立する

椅子で**タブレット酒**（しゅ）造りを**確立する**

We **established business relations** in 2010.
私たちは2010年に取引関係を確立した。

229 compliment

[kámpləmənt] カンプリメント

名 ほめ言葉

缶の**プリン**に**面と**向かって**ほめ言葉**を言う

We have **received compliments** from customers.
当社は消費者からほめ言葉を受けた。

230 modify

[mádəfài] マディファイ

動 修正する

文字を**ファイ**ブに修正する

The manager slightly **modified the document.**
マネジャーは若干書類を修正した。

231 reserve

[rizə́:rv] リ**ザ**ーヴ

動 予約する

リスが**ざぶ**とんを**予約する**

We **reserved the room** for three days.
私たちは3日間部屋を予約した。

232 curiosity

[kjùəriásəti] キュアリ**ア**スィティ

名 好奇心

キュウリ押して〜、好奇心から

Keiko **is full of curiosity** about other cultures.
ケイコは他の文化について好奇心でいっぱいである。

233 cast

[kǽst] **キャスト**
動 **投げる、投じる**

キャストが投げる

Everyone **cast a vote** for her.
全員が彼女に<u>賛成票を投じた</u>。

234 estimate

[éstəmèit] **エスティメイト**
動 **見積もる**

エステに**姪（めい）と**来た人に、料金を**見積もる**

The procurement team **estimated the cost**.
購買チームは<u>費用を見積もった</u>。

235 possess

[pəzés] **ポゼス**
動 **所有する**

ポストと**セス**ナを所有する

That young man **possesses a large farm**.
その若者は<u>大きな農場を所有している</u>。

236 client

[kláiənt] **クライエント**
名 **顧客**

顧客は**暗いあんちゃん**

I **met the client** at a conference in Paris.
私はパリの会議で<u>顧客と会った</u>。

237

coupon

[kúːpɑn] **ク**ーパン
名 **優待券**

飯を**食う**のに**ポン**と**優待券**を出す

Members **receive coupons** every month.
会員は毎月優待券を受け取る。

238

rectangular

[rektǽŋɡjələr] レク**タ**ンギュラ
形 **長方形の**

レクで**タンブラー**が当たった、**長方形の**

We need **another rectangular table.**
もう一つの長方形のテーブルが必要だ。

239

soar

[sɔ́ːr] **ソ**ー
動 **舞い上がる**

「う**そー**」と叫び、**舞い上がる**

The red balloon **soared into the sky.**
赤い風船が空へ舞い上がった。

240

fashionable

[fǽʃənəbl] **ファ**ショナブル
形 **流行している**

ファッションを炙（あぶ）ることが流行している

She is dressed in **fashionable clothes.**
彼女は流行の服を着ている。

PART 2

場所法で **覚える**

イラストをプレイスに置いて、場面を想像しよう。

□□□ 228

□□□ 229

おいしいよね!

□□□ 227

□□□ 226

□□□ 225

スポーツジム

各プレイス（❶～⓰）
の名称は
p.341を参照。

□□□ 240

□□□ 239

□□□ 238

Words

225 discovery 発見
231 reserve 予約する
237 coupon 優待券

226 device 装置
232 curiosity 好奇心
238 rectangular 長方形の

227 contact 接触する
233 cast 投げる、投じる
239 soar 舞い上がる

228 establish 確立する　229 compliment ほめ言葉　230 modify 修正する
234 estimate 見積もる　235 possess 所有する　236 client 顧客
240 fashionable 流行している

241 remain

[riméin] リメイン
動 とどまる

りんごが**メイン**でとどまる

Please **remain behind the line**.
線の後ろにとどまってください。

242 standard

[stǽndərd] ス**タ**ンダド
名 標準

酢タンだと？　これが**標準**なのか

The service was **below standard**.
サービスは標準未満だった。

243 closely

[klóusli] ク**ロ**ウスリ
副 綿密に

苦労する、綿密に調べるのは

Ken **looked closely at the plan** for the trip.
ケンは旅行の計画を綿密に検討した。

244 cancel

[kǽnsəl] **キャ**ンセル
動 取り消す

キャンセルと言って取り消す

Lara **canceled the reservation**.
ララは予約を取り消した。

245 invoice

[ínvɔis] インヴォイス
名 請求書

陰謀でア**イス**と請求書が届く

Please **send an invoice** by email.
メールで請求書を送ってください。

246 democratic

[dèməkrǽtik] デモクラティク
形 民主的な

デモくらい地区でやらせてくれないと、
民主的な国ではない

The country made **a democratic reform**.
その国は民主的な改革をした。

247 install

[instɔ́:l] インストール
動 取り付ける

イン（中）に**ストール**を取り付ける

Jeff **installed new equipment**.
ジェフは新しい機器を取り付けた。

248 primary

[práimèri] プライメリ
形 主要な

プラと**伊万里**焼が主要な産業

Customer service is **our primary concern**.
顧客サービスが私たちの主要な関心事である。

249 admission

[ədmíʃən] アドミション
名 入場（許可）

閉園した**あと**に**ミッション**で入場

Reporters **were given admission**.
レポーターには入場許可が与えられた。

250 punctual

[pʌ́ŋktʃuəl] パンクチュアル
形 時間通りの

パンク2折る仕事、時間通りのスタート

Jessica **is always punctual** for appointments.
ジェシカはいつも約束の時間通りだ。

251 permit

[pərmít] パミト
動 許可する

パーマの人が**ミット**で捕るのを許可する

The board **permitted the sale** of the new product.
役員会は新製品の販売を許可した。

252 advertise

[ǽdvərtàiz] アドヴァタイズ
動 広告する

いい匂いだゎ**ア〜と、バター**の**椅子**を広告する

We can **advertise our services** on social media.
ソーシャルメディアでサービスを宣伝できます。

253 interrupt

[ìntəŕʌpt] インタラプト
動 中断する

インターで**ラップと**つ然広がり、交通を中断する

A call **interrupted their conversation**.
1本の電話が<u>彼らの会話を中断した</u>。

254 revenue

[révənjuː] レヴェニュー
名 収益

利便のよい**ニュー**な店は**収益**上がる

Online sales account for 40% of **our annual revenue**.
オンラインでの売上が<u>年間収益</u>の40%を占める。

255 hospitality

[hàspətǽləti] ハスピ**タ**リティ
名 もてなし

ホスピタル(病院)の**ティー**はもてなし

Please **enjoy our hospitality** during your visit.
訪問の間、私たちの<u>もてなしを楽しんで</u>ください。

256 reluctant

[rilʌ́ktənt] リ**ラ**クタント
形 気乗りしない

リラックスしてるのに**短刀**は気乗りしない

Donna **was reluctant to run** every morning.
ドナは毎朝<u>走ることに気乗りしなかった</u>。

□□□ 243

□□□ 244

□□□ 245
¥100,000

④

⑤

□□□ 242
?

③

□□□ 241

①

②

⑮

⑭

部屋

各プレイス（①〜⑯）
の名称は
p.341を参照。

⑯

□□□ 256
＋

□□□ 255

□□□ 254
OPEN

Words

241 remain とどまる	**242** standard 標準	**243** closely 綿密に
247 install 取り付ける	**248** primary 主要な	**249** admission 入場（許可）
253 interrupt 中断する	**254** revenue 収益	**255** hospitality もてなし

244 cancel 取り消す　　245 invoice 請求書　　246 democratic 民主的な
250 punctual 時間通りの　251 permit 許可する　252 advertise 広告する
256 reluctant 気乗りしない

257 float

[flóut] フロウト
🔲 浮く

風呂に**音**が**浮く**

These plates **float on water**.
これらの皿は<u>水に浮く</u>。

258 ethics

[éθiks] エスィクス
🔲 倫理

絵を見て**シクシ**ク泣くのが**倫理**

Every employee needs **strong ethics**.
全従業員に<u>高い倫理</u>が必要である。

259 average

阿部さんは
？？歳

[ǽvəridʒ] アヴェリヂ
🔲 平均

全国の**阿部**さんの**エイジ**（年齢）の**平均**は？

The average temperature in Florida is 22℃.
フロリダの<u>平均気温</u>は摂氏22度です。

260 purpose

[pə́ːrpəs] パーパス
🔲 目的

手を**パー**にするのは**パス**をもらう**目的**

What is **the purpose of your trip**?
<u>あなたの旅行の目的</u>は何ですか。

261 versatile

[və́:rsətl] **ヴァー**サトル
形 **多彩な**

ばーさんが**悟る**のは**多彩な**イメージ

Leila is **a versatile musician** of many talents.
レイラは多くの才能を持つ多彩な音楽家だ。

262 define

[difáin] ディ**ファイン**
動 **定義する**

では、**ファイン**プレーを**定義する**ことにしましょう

We must **define the duties** for each position.
各役職の職務を定義しなければならない。

263 orientation

[ɔ̀:riəntéiʃən] オーリエン**テイ**ション
名 **方向**

オリエンテーションで話の**方向**を決める

Select **the printing orientation** from the list.
リストから印刷方向を選択してください。

264 bulk

[bʌ́lk] **バ**ルク
形 **大量の**

大量の馬歩く

We took **a bulk order** from a client.
得意先から大量の注文を受けた。

265 moisture

[mɔ́istʃər] モイスチャ
名 湿気

藻の生えた椅子に茶をこぼして湿気が増す

This device **absorbs moisture** well.
この装置はよく湿気を吸収する。

266 opinion

[əpínjən] オピニョン
名 意見

大きなピンをオニオンに刺すことに意見をする

Adam **gave his opinion** about the design.
アダムはデザインについて意見を述べた。

267 expose

[ikspóuz] イクスボウズ
動 さらす

エックスのポーズを公衆にさらす

Don't **expose the device** to direct sunlight.
直射日光に装置をさらさないで。

268 declare

[dikléər] ディクレア
動 宣言する

「僕の映画に出てくれや！」と宣言する

Kosovo **declared independence** in 2008.
コソボは2008年に独立を宣言した。

269 accompany

[əkʌ́mpəni] アカンパニ
動 一緒に行く

あく
悪カンパニー（悪い会社）と**一緒に行く**

My cousin **accompanied me** on the trip.
いとこは<u>私と一緒に</u>旅行に<u>行った</u>。

270 consensus

[kənsénsəs] コンセンサス
名 合意

コンパで**千**円**札**を差し出して**合意**を得る

The team smoothly **reached a consensus.**
チームはスムーズに<u>合意に達した</u>。

271 expenditure

[ikspénditʃər] イクスペンディチャ
名 支出

いかすペンでちゃんと描くと**支出**が増える

We **reduced expenditures** by 5%.
当社は<u>支出を</u>5%<u>削減した</u>。

272 proactive

[pròuǽktiv] プロウアクティヴ
形 積極的な

あ
プロ、開く恥部、**積極的な**様子で

I appreciate **his proactive efforts**.
私は<u>彼の積極的な取り組み</u>を評価している。

117

場所法で **覚える**　イラストをプレイスに置いて、場面を想像しよう。

□□□ 258

□□□ 259

阿部さんは
？？ 歳

□□□ 260

□□□ 257

❷

❸

❶

校庭

各プレイス（❶〜⓰）
の名称はp.341を参照。

❹

⓮

⓭

⓰

□□□ 272

⓯

□□□ 271

□□□ 270

¥1000

□□□ 269

Words

257 float 浮く
263 orientation 方向
269 accompany 一緒に行く

258 ethics 倫理
264 bulk 大量の
270 consensus 合意

259 average 平均
265 moisture 湿気
271 expenditure 支出

118　Section 7

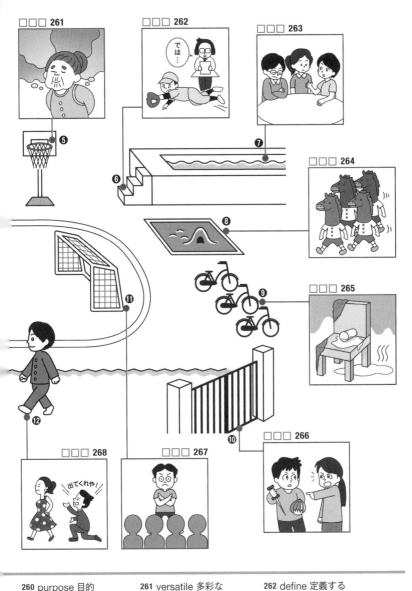

260 purpose 目的　　261 versatile 多彩な　　262 define 定義する
266 opinion 意見　　267 expose さらす　　268 declare 宣言する
272 proactive 積極的な

273 item

[áitəm] アイテム
名 項目

アイテムのリストを**項目**に分ける

This survey **consists of six items**.
本調査は6項目からなる。

274 respect

[rispékt] リスペクト
名 尊敬

リスは**ベクト**ルが使えるので**尊敬**をされる

His effort **deserves respect**.
彼の努力は尊敬に値する。

275 earn

[ə́:rn] アーン
動 稼ぐ

口を**あ～ん**と開けて**稼ぐ**

Gerard **earns more money** than I do.
ジェラルドは私より多くのお金を稼ぐ。

276 suggestion

[səgdʒéstʃən] サグ**ヂェ**スチョン
名 提案

サクっ、という**ジェスチャ**ーの**提案**をする

Marc made **a useful suggestion**.
マークは有意義な提案をした。

277 expertise

[èkspəːrtíːz] エクスパーティーズ
名 専門性

エクステ付けて**パーティー**に**ず**っといる専門性

Ricardo has **expertise** in this field.
リカルドには<u>この分野での専門性</u>がある。

278 outcome

[áutkʌ̀m] アウトカム
名 結果

会うとガムをもらう**結果**になる

What was **the outcome of the election**?
<u>選挙の結果</u>はどうでしたか。

279 consciousness

[kánʃəsnəs] カンシャスネス
名 意識

ボディ**コンシャス**で**熱す**、意識してるわ～

Ned **lost consciousness** while driving.
ネッドは運転中に<u>意識を失った</u>。

280 evident

[évədənt] エヴィデント
形 明白な

エビに**伝統**があるのは**明白な**ことだ

There is **an evident lack** of communication.
コミュニケーションの<u>明白な欠如</u>がある。

PART 1

PART 2

PART 3

PART 4

PART 5

(伝統あるエビです！)

281 concrete

[kánkriːt] カンクリート
形 具体的な

塀に具体的な**コーン**と**栗と**を描く

We have no **concrete plans** to expand our business.
事業を拡大する具体的な計画はありません。

282 edit

[édət] エディト
動 編集する

絵で糸を描き、それを編集する

Edit the file name and hit "Save".
ファイル名を編集して「保存」を押してください。

283 generous

[dʒénərəs] ヂェネラス
形 寛大な

銭を**明日**くれるとはなんと寛大な

Dr. Patel is **generous to his students**.
パテル博士は学生たちに寛大だ。

284 conference

[kánfərəns] カンファレンス
名 会議

会議ではなく**コンパでんす**

Dr. Harris will speak at **the medical conference**.
ハリス博士が医学会議で講演します。

285 criminal

[krímənəl] クリミナル
形 犯罪の

栗見ないことが犯罪の証拠

A person with **a criminal record** will not be hired.
犯罪歴のある人は雇用しません。

286 applicant

[ǽplikənt] アプリカント
名 応募者

アップルの**剣**を抜く応募者

There were ten **applicants for the job**.
その職への応募者が10人いた。

287 comprehensive

[kàmprihénsiv] カンプリヘンスィヴ
形 総合的な

コーンは**プリ**ッとしたので、**変**で**渋**い味でも**総合的な**オーケーを出した

This is **a comprehensive plan** for emergencies.
これは、緊急時に備える総合的な計画です。

288 municipal

[mjuːnísəpəl] ミューニスィパル
形 地方自治体の

ミュートにしはる地方自治体の人

Municipal elections will be held this Sunday.
この日曜日に地方自治体の選挙が行われる。

イラストをプレイスに置いて、場面を想像しよう。

□□□ 275

あ〜ん

□□□ 276

□□□ 277

□□□ 274

□□□ 273

アイテム
1. やくそう
2. どうのつ
3. ぬのの
4. あおい

教室

各プレイス（❶〜⓰）
の名称は
p.341を参照。

□□□ 288

ニュート

福岡市　京都市

神戸市　横浜市

□□□ 287

リッ

□□□ 286

273 item 項目	274 respect 尊敬	275 earn 稼ぐ
279 consciousness 意識	280 evident 明白な	281 concrete 具体的な
285 criminal 犯罪の	286 applicant 応募者	287 comprehensive 総合的な

PART 1

PART 2

PART 3

PART 4

PART 5

276 suggestion 提案   277 expertise 専門性   278 outcome 結果
282 edit 編集する   283 generous 寛大な   284 conference 会議
288 municipal 地方自治体の

289 attach

[ətǽtʃ] アタチ
動 取り付ける

「**あ**」と書かれた紙を**タッチ**して取り付ける

He **attached a chain** to his bike.
彼は自転車に<u>チェーンを取り付けた</u>。

290 branch

[brǽntʃ] ブランチ
名 支店

ブランチを食べる、支店では

Yves works in **the Tokyo branch.**
イブは<u>東京支店</u>で働いています。

291 enable

[inéibl] イネイブル
動 可能にする

稲いい**ブル**ーを可能にする画家

Their commitment to the details **enabled this development**.
彼らの細部への尽力が<u>この発展を可能にした</u>。

292 familiar

[fəmíljər] ファミリャ
形 精通した

ファミリーらは互いに精通した

The lawyer **is familiar with corporate law**.
その弁護士は<u>会社法に精通している</u>。

293 aggressive

[əgrésiv] アグレスィヴ

形 攻撃的な

「**あ－これ渋**らないで」と攻撃的な言われ方をする

I don't like **his aggressive behavior**.
彼の攻撃的な振る舞いが好きではない。

294 overlook

\リュックは？/

[òuvərlúk] オウヴァ**ル**ク

動 見落とす

おばさんが**リュック**を背負っていることを見落とす

Mr. Takahashi **overlooked errors** in the important document.
タカハシさんは重要書類の誤りを見落とした。

295 prospect

[práspekt] プ**ラ**スペクト

名 見込み

プロなので**スペックと**将来に見込みがある

Which candidate has **the best prospects for promotion**?
どの候補者が最大の昇進の見込みがありますか。

296 efficient

[ifíʃənt] イ**フィ**シェント

形 効率的な

絵ふでを**支援する**と効率的な

We need **a more efficient air conditioner**.
もっと効率的なエアコンが必要だ。

297 artificial

[ὰːrtəfíʃəl] アーティ**フィ**シャル
形 人工の

アートはオ**フィシャル**に人工のものになった

Artificial intelligence is replacing human jobs.
人工知能は人間の仕事に取って代わりつつある。

298 keynote

[kíːnòut] **キー**ノウト
名 基調

黄色の**ノート**が基調となる

Functionality is **the keynote of this product**.
機能性がこの製品の基調である。

299 perceive

[pərsíːv] パ**スィー**ヴ
動 知覚する

パートさんが **渋** いと知覚する

The driver **perceived strange noises**.
運転手は異音を知覚した。

300 prohibit

[prouhíbət] プロウ**ヒ**ビト
動 禁止する

プロが**日々ト**レーニングするのを禁止する

The law **prohibits smoking** in public places.
その法律は公共の場所での喫煙を禁止している。

301 favorable

[féivərəbl] フェイヴァラブル
形 有利な

笛吹いて**バラ**を炙（あぶ）ると火に有利な

The city offers **favorable conditions** for business growth.
市は事業の成長に<u>有利な条件</u>を提供している。

302 deadline

[dédlàin] デドライン
名 締め切り

締め切り過ぎると**デッドライン**が来る

Victor worked hard to **meet the deadline**.
ヴィクターは<u>締め切りに間に合う</u>よう必死で働いた。

303 racism

[réisizm] レイスィズム
名 人種差別

0が**沈む**のと同じくらい**人種差別**はダメ

All countries should try to **end racism**.
<u>全国家が人種差別を終わらせ</u>ようと努めるべきだ。

304 brochure

[brouʃúər] ブロウシュア
名 パンフレット

風呂で**シャワー**を浴びながら**パンフレット**を見る

We should **print this brochure** in full color.
フルカラーで<u>このパンフレットを印刷す</u>べきです。

場所法で **覚える**　イラストをプレイスに置いて、場面を想像しよう。

□□□ 291

□□□ 292

□□□ 293

□□□ 290

□□□ 289

プール

各プレイス（❶〜⓰）
の名称は
p.341を参照。

□□□ 304

□□□ 303

□□□ 302

Words

289 attach 取り付ける　　290 branch 支店　　291 enable 可能にする
295 prospect 見込み　　296 efficient 効率的な　　297 artificial 人工の
301 favorable 有利な　　302 deadline 締め切り　　303 racism 人種差別

292 familiar 精通した　293 aggressive 攻撃的な　294 overlook 見落とす
298 keynote 基調　299 perceive 知覚する　300 prohibit 禁止する
304 brochure パンフレット

月 日　月 日　月 日　復習はp.142で　131

305 relationship

[riléiʃənʃip] リレイションシプ
名 関係

リレー後**しょん**ぼり**湿布**を貼るのは結果と**関係**がある

We have **a good relationship** with that supplier.
当社はそのサプライヤーと<u>良好な関係</u>を有している。

306 attract

[ətrǽkt] アトラクト
動 引き付ける

「あ」と**トラックと**が互いに**引き付ける**

We made efforts to **attract potential customers**.
当社は<u>見込客を引き付ける</u>努力をした。

307 broadcast

[brɔ́ːdkæst] ブロードキャスト
動 放送する

風呂の温**度**、**消すと**ころを**放送する**

The channel **broadcasts news** every hour.
そのチャンネルは毎時間<u>ニュースを放送する</u>。

308 matter

[mǽtər] マタ
名 問題

「待った！」と言い**問題**を出してくる

Shinobu **discussed the matter of her salary** with her supervisor.
シノブは上司と<u>給料の問題</u>を話し合った。

309 correspond

[kɔ̀ːrəspánd] コーレスパンド
動 **一致する**

「**コレ**っす、**ボンド**」と探していたもの と**一致する**

These numbers **correspond with the data** in the graph.
これらの数字はグラフのデータと一致する。

310 ambitious

[æmbíʃəs] アン**ビ**シャス
形 **野心的な**

安否が心配な**シャツ**を野心的な様子で探す

Ambitious employees will be promoted quickly.
野心的な社員はすぐに昇進します。

311 expedite

[ékspədàit] エクスペダイト
動 **促進させる**

エクステを**ペ**タッと付けた**デート**で、関 係を**促進させる**

We launched a plan to **expedite development**.
当社は発展を促進させる計画を開始した。

312 cultivate

[kʌ́ltəvèit] **カ**ルティヴェイト
動 **耕す**

カルト集団がディ**ベート**して心を**耕す**っ て本当？

They **cultivate land** using traditional tools.
彼らは伝統的な道具を用いて土地を耕す。

313 distinguish

[distíŋgwiʃ] ディス**ティ**ングウィシュ
動 識別する

This チンパンジーは**グ**ーで**石**を識別する

He can't **distinguish between good and bad.**
彼は善悪を識別できない。

314 exceed

[iksíːd] イク**スィ**ード
動 超える

絵を**くし**でとかすのは、画法を超えることだ

The project **exceeded its budget** by 15%.
そのプロジェクトは予算を15%超えた。

315 overhaul

[òuvərhɔ́ːl] オウヴァ**ホ**ール
動 整備する

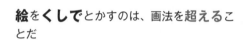

オーバーオールを着て整備する

Vera **overhauled her truck's engine.**
ヴェラはトラックのエンジンを整備した。

316 occupy

[ákjəpài] **ア**キュパイ
動 占領する

おっきいパイを占領する

The soldiers **occupied the building.**
兵士たちが建物を占領した。

317 moderate

[mádərət] マダレト
形 適度な

もたれるといけないので食事は適度な量で

Moderate exercise will keep you healthy.
適度な運動をすればずっと健康でいられる。

318 absurd

[əbsə́ːrd] アブサード
形 ばかげた

アブのソードには「ばかげた」とある

Mary told **an absurd story**.
メアリーはばかげた話をした。

319 insert

[insə́ːrt] インサート
動 挿入する

イン（中）にさ～とカメラを挿入する

Please **insert this graph** into the slide.
スライドにこのグラフを挿入してください。

320 fake

[féik] フェイク
名 偽物

変！ クッキーには偽物があるぜ

He can **tell a fake** from an authentic watch.
彼は本物の時計と偽物を見分けられる。

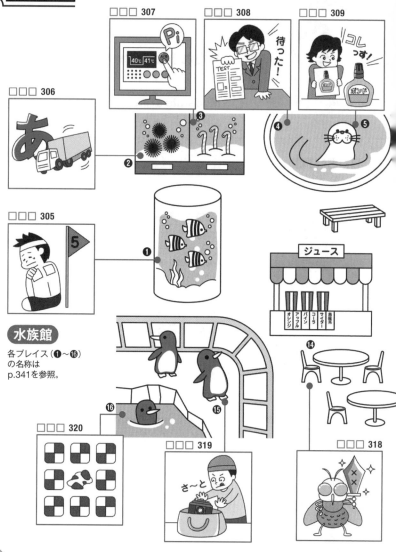

場所法で
覚える

イラストをプレイスに置いて、場面を想像しよう。

□□□ 307

□□□ 308

□□□ 309

□□□ 306

□□□ 305

水族館

各プレイス（❶〜⓰）
の名称は
p.341を参照。

ジュース

□□□ 320

□□□ 319

□□□ 318

Words

305 relationship 関係
311 expedite 促進させる
317 moderate 適度な

306 attract 引き付ける
312 cultivate 耕す
318 absurd ばかげた

307 broadcast 放送する
313 distinguish 識別する
319 insert 挿入する

308 matter 問題
314 exceed 超える
320 fake 偽物

309 correspond 一致する
315 overhaul 整備する

310 ambitious 野心的な
316 occupy 占領する

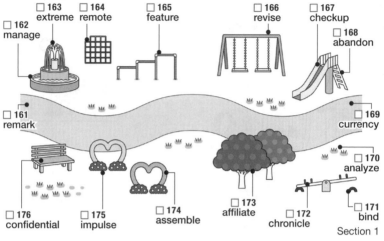

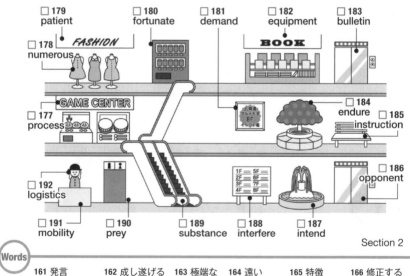

Words

161 発言	162 成し遂げる	163 極端な	164 遠い	165 特徴	166 修正する
167 点検	168 放棄する	169 通貨	170 分析する	171 縛る	172 年代記
173 加入させる	174 組み立てる	175 衝動	176 秘密の		
177 過程	178 多数の	179 患者	180 幸運な	181 需要	182 機器
183 掲示	184 我慢する	185 指示	186 敵	187 意図する	188 干渉する
189 物質	190 獲物	191 可動性	192 物流		

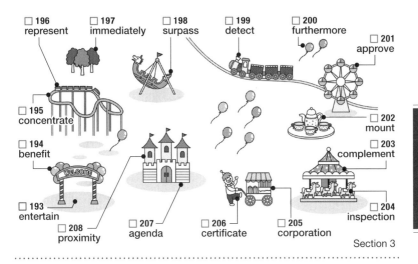

□ 196 represent
□ 197 immediately
□ 198 surpass
□ 199 detect
□ 200 furthermore
□ 201 approve
□ 195 concentrate
□ 202 mount
□ 194 benefit
□ 203 complement
□ 193 entertain
□ 208 proximity
□ 207 agenda
□ 206 certificate
□ 205 corporation
□ 204 inspection

Section 3

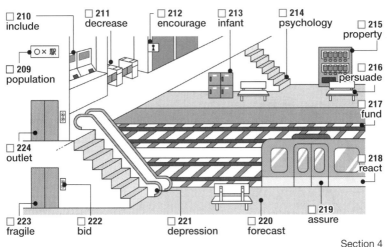

□ 210 include
□ 211 decrease
□ 212 encourage
□ 213 infant
□ 214 psychology
□ 215 property
○× 駅
□ 209 population
□ 216 persuade
□ 217 fund
□ 224 outlet
□ 218 react
□ 223 fragile
□ 222 bid
□ 221 depression
□ 220 forecast
□ 219 assure

Section 4

193 楽しませる	194 利点	195 集中する	196 代表する	197 ただちに	198 超える
199 見つける	200 さらに	201 承認する	202 取り付ける	203 補完する	204 検査
205 企業	206 証明書	207 議題	208 近接		
209 人口	210 含む	211 減少する	212 励ます	213 幼児の	214 心理学
215 財産	216 説得する	217 基金	218 反応する	219 保証する	220 予測する
221 不況	222 入札	223 もろい	224 出口		

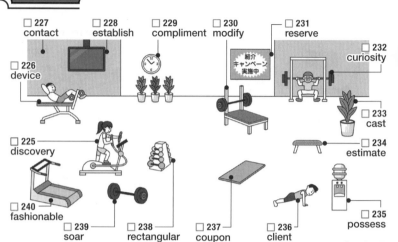

☐ 227 contact
☐ 228 establish
☐ 229 compliment
☐ 230 modify
☐ 231 reserve
☐ 232 curiosity
☐ 226 device
☐ 233 cast
☐ 225 discovery
☐ 234 estimate
☐ 240 fashionable
☐ 235 possess
☐ 239 soar
☐ 238 rectangular
☐ 237 coupon
☐ 236 client

紹介
キャンペーン
実施中

Section 5

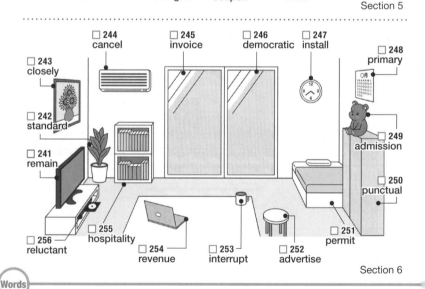

☐ 244 cancel
☐ 245 invoice
☐ 246 democratic
☐ 247 install
☐ 248 primary
☐ 243 closely
☐ 242 standard
☐ 249 admission
☐ 241 remain
☐ 250 punctual
☐ 256 reluctant
☐ 255 hospitality
☐ 254 revenue
☐ 253 interrupt
☐ 252 advertise
☐ 251 permit

〇月

Section 6

Words

225 発見	226 装置	227 接触する	228 確立する	229 ほめ言葉	230 修正する
231 予約する	232 好奇心	233 投げる	234 見積もる	235 所有する	236 顧客
237 優待券	238 長方形の	239 舞い上がる	240 流行している		
241 とどまる	242 標準	243 綿密に	244 取り消す	245 請求書	246 民主的な
247 取り付ける	248 主要な	249 入場(許可)	250 時間通りの	251 許可する	252 広告する
253 中断する	254 収益	255 もてなし	256 気乗りしない		

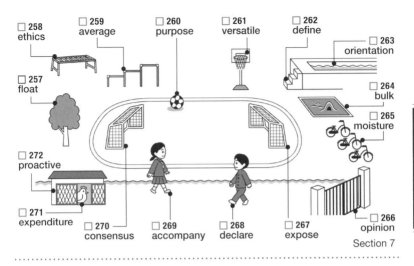

□ 258 ethics
□ 259 average
□ 260 purpose
□ 261 versatile
□ 262 define
□ 263 orientation
□ 257 float
□ 264 bulk
□ 265 moisture
□ 272 proactive
□ 271 expenditure
□ 270 consensus
□ 269 accompany
□ 268 declare
□ 267 expose
□ 266 opinion

Section 7

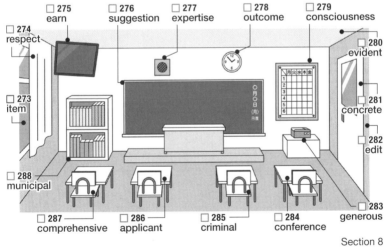

□ 275 earn
□ 276 suggestion
□ 277 expertise
□ 278 outcome
□ 279 consciousness
□ 274 respect
□ 280 evident
□ 273 item
□ 281 concrete
□ 282 edit
□ 288 municipal
□ 287 comprehensive
□ 286 applicant
□ 285 criminal
□ 284 conference
□ 283 generous

Section 8

257 浮く	258 倫理	259 平均	260 目的	261 多彩な	262 定義する
263 方向	264 大量の	265 湿気	266 意見	267 さらす	268 宣言する
269 一緒に行く	270 合意	271 支出	272 積極的な		
273 項目	274 尊敬	275 稼ぐ	276 提案	277 専門性	278 結果
279 意識	280 明白な	281 具体的な	282 編集する	283 寛大な	284 会議
285 犯罪の	286 応募者	287 総合的な	288 地方自治体の		

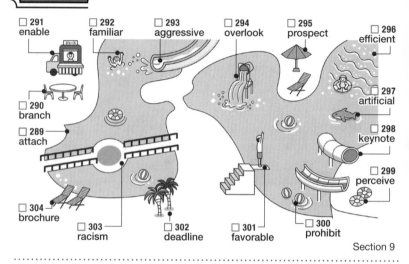

- □ 291 enable
- □ 292 familiar
- □ 293 aggressive
- □ 294 overlook
- □ 295 prospect
- □ 296 efficient
- □ 290 branch
- □ 297 artificial
- □ 289 attach
- □ 298 keynote
- □ 304 brochure
- □ 299 perceive
- □ 303 racism
- □ 302 deadline
- □ 301 favorable
- □ 300 prohibit

Section 9

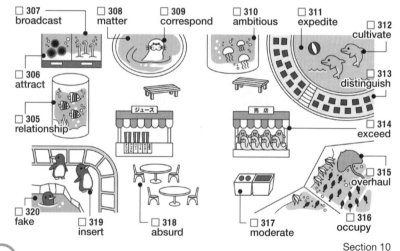

- □ 307 broadcast
- □ 308 matter
- □ 309 correspond
- □ 310 ambitious
- □ 311 expedite
- □ 312 cultivate
- □ 306 attract
- □ 313 distinguish
- □ 305 relationship
- □ 314 exceed
- □ 315 overhaul
- □ 320 fake
- □ 319 insert
- □ 318 absurd
- □ 317 moderate
- □ 316 occupy

Section 10

Words

289 取り付ける	290 支店	291 可能にする	292 精通した	293 攻撃的な	294 見落とす
295 見込み	296 効率的な	297 人工の	298 基調	299 知覚する	300 禁止する
301 有利な	302 締め切り	303 人種差別	304 パンフレット		
305 関係	306 引き付ける	307 放送する	308 問題	309 一致する	310 野心的な
311 促進させる	312 耕す	313 識別する	314 超える	315 整備する	316 占領する
317 適度な	318 ばかげた	319 挿入する	320 偽物		

Part 3

見出し語

321～480

Flexible hours are convenient for working mothers.

321
☐
☐ **adopt**
☐

[ədápt] ア**ダ**プト
動 採用する

^{あと}
後でふと企画を採用する

The manager **adopted my suggestion**.
マネージャーは<u>私の提案を採用した</u>。

322
☐
☐ **location**
☐

[loukéiʃən] ロウ**ケ**イション
名 場所

ロケットの近くが**しょん**便をする場所

We are moving to **a new location.**
当社は<u>新しい場所に移転</u>予定です。

323
☐
☐ **customer**
☐

[kʌ́stəmər] **カ**スタマ
名 客

貸すとそのまま返してくれない客

This law intends to **protect customers**.
この法律は<u>客を保護する</u>目的である。

324
☐
☐ **account**
☐

[əkáunt] ア**カ**ウント
動 説明する

「**あかん！**」と説明する

How do you **account for your success**?
<u>あなたの成功の理由をどう説明します</u>か。

---

325 spiritual

[spírətʃuəl] スピリチュアル
形 **精神的な**

スピリッツ（蒸留酒）が**ある**ので、精神的な落ち着き

The experience brought **my spiritual health**.
その経験は私の精神的な健康をもたらした。

326 eliminate

[ilímənèit] イリミネイト
動 **除去する**

<ruby>襟<rt>えり</rt></ruby>見ないと除去することができない

Their system didn't **eliminate our problem**.
彼らのシステムは私たちの問題を除去しなかった。

327 recognition

[rèkəgníʃən] レコグニション
名 **認識**

レン**コン**を**具にしよう**、という認識

The article was based on **a false recognition**.
その記事は誤った認識に基づいていた。

328 classify

[klǽsəfài] クラスィファイ
動 **分類する**

暮らしを**ファイ**ブ（5つ）に分類する

Please **classify documents** by date.
日付別に文書を分類してください。

329 insult

[insʌ́lt] イン**サ**ルト
動 **侮辱する**

イン（中）で**サルと**互いを**侮辱する**

Kairi accidentally **insulted his customer**.
カイリはうっかり<u>顧客を侮辱した</u>。

330 refreshment

休憩中
きゅうけいちゅう

[rifréʃmənt] リフ**レ**シュメント
名 **軽食**

リフレッシュに**麺と**ライスを**軽食**として食べる

We **served refreshments** after the meeting.
私たちは会議のあとで<u>軽食を出した</u>。

331 quota

[kwóutə] ク**ウォ**ウタ
名 **割当**

苦を歌って、と番組から**割当**がくる

Some commodities are subject to **an import quota**.
一部の商品は<u>輸入割当</u>の対象である。

332 frustration

[frʌstréiʃən] フラスト**レ**イション
名 **欲求不満**

フライングなので「**スタ**ートから**で～しょ**」と言われ**欲求不満**になる

They **expressed frustration** about the delay.
彼らは遅れについての<u>欲求不満を表明した</u>。

333 statistics

[stətístiks] スタ**ティ**スティクス
名 統計

スターです、**テクス**トで統計を勉強しているのは

How do you analyze **these statistics**?
これらの統計をどう分析するのですか。

334 incentive

[inséntiv] イン**セ**ンティヴ
名 動機

いん
陰で**千チップ**を渡す動機は、自分だけ特別扱いを受けるため

We **have no incentive** to buy from them.
当社には彼らから購入する動機はない。

335 maternity

[mətə́:rnəti] マ**ター**ニティ
名 母性

「**待ってにーちゃ**ん」という姿が**母性**をくすぐる

We should promote **maternity protection**.
私たちは母性保護を推進するべきだ。

336 consistent

[kənsístənt] コン**スィ**ステント
形 一貫性のある

コンビニに**シスター**と**いつも行くことは一貫性のある**

No **consistent explanation** was provided.
一貫性のある説明は提示されなかった。

Words

321 adopt 採用する
327 recognition 認識
333 statistics 統計

322 location 場所
328 classify 分類する
334 incentive 動機

323 customer 客
329 insult 侮辱する
335 maternity 母性

324 account 説明する
325 spiritual 精神的な
326 eliminate 除去する
330 refreshment 軽食
331 quota 割当
332 frustration 欲求不満
336 consistent 一貫性のある

337

labor

[léibər] **レイバ**
名 **労働**

レイ
Oから**バー**（棒）を作る**労働**

Gardening requires **hard labor**.
ガーデニングは<u>重労働</u>を要する。

338

audience

[ɔ́:diəns] **オーディエンス**
名 **聴衆**

正解は"**O**"でいいんす、と聴衆が言っ
ている

There was **a large audience** at the concert.
コンサートには<u>大勢の聴衆</u>がいた。

339

wage

[wéidʒ] **ウェイヂ**
名 **賃金、給料**

上に**意地**で賃金を求める

The company **pays high wages** to its workers.
その会社は従業員に<u>高給を支払う</u>。

340

creative

[kriéitiv] **クリエイティヴ**
形 **想像力がある**

栗を**エイ**ッと**ティー**の**部**分に入れようと
するのは想像力がある

This team has **a creative designer**.
このチームには<u>想像力があるデザイナー</u>がいる。

---

341 quantity

[kwántəti] ク**ワ**ンティティ

名 量

「**食わん**」と**ティー**のことを考えていたので量を間違えた

The hotel ordered **a large quantity** of towels.
そのホテルは大量のタオルを注文した。

342 stereotype

[stériətàip] ス**テ**リアタイプ

名 固定観念

ステレオ聴いて**タイプ**するのはダメという固定観念

Please **avoid any stereotypes** in the presentation.
プレゼンでは一切の固定観念を避けてください。

343 deceive

[disíːv] ディス**ィ**ーヴ

動 だます

弟子と**イブ**を過ごすのは、弟子を**だます**ため

Don't try to **deceive me**.
私をだまそうとするな。

344 exclude

[iksklúːd] イクスク**ルー**ド

動 除外する

行くスクール、**ど**こも笑う人を**除外する**

Taxes **are excluded from the prices**.
税金は価格から除外されている。

345 phase

[féiz] **フェイズ**
名 **段階**

笛を**椅子**に座って吹く**段階**

The program has **three phases**.
そのプログラムには三つの段階がある。

346 adequate

[ǽdikwət] **アディクワト**
形 **十分な**

<ruby>艶<rt>あで</rt></ruby>やかな**クウェート**人が**十分な**数いる

We have **adequate paper** to print the newsletter.
ニュースレターを印刷するのに十分な紙がある。

347 majority

[mədʒɔ́:rəti] **マヂョーリティ**
名 **過半数**

魔女らの**ティー**が**過半数**を占める

The majority of members voted "yes".
会員の過半数が「はい」に投票した。

348 landlord

[lǽndlɔ̀:rd] **ランドロード**
名 **地主**

○○**ランド**に**ロード**（道路）を作れるのは**地主**だから

The policy will only benefit **wealthy landlords**.
その政策は裕福な地主しか潤さないだろう。

349 construct

[kənstrʌ́kt] コンストラクト
動 建築する

勘です**～と楽**に、客好みの家を建築する

It will take two months to **construct the building.**
その建物を建設するには2か月かかる。

350 fraction

[frǽkʃən] フラクション
名 破片

フラっとしてハ**クション**したら、歯の破片が飛んだ

There is not **a fraction of truth** in this report.
このレポートには真実の破片もない。

351 differentiate

[dìfərénʃièit] ディファレンシエイト
動 識別する

自費で訓**練**し **8（エイト）** を識別する

I can **differentiate Spanish** from Portuguese.
私はポルトガル語とスペイン語を識別できる。

352 consumption

[kənsʌ́mpʃən] コンサンプション
名 消費

コーンは**3分でしょ**、とすぐに消費

My car **has low gas consumption**.
私の車はガソリンの消費が少ない。

□□□ 338

□□□ 339

□□□ 340

❸ FASHION

❷

❹

□□□ 337

000

❶ GAME CENTER

モール

各プレイス（❶〜⓰）
の名称は
p.341を参照。

⓰

□□□ 352

⓯

⓭

⓮

□□□ 351

□□□ 350

□□□ 349

ハ
ク
シ
ョ
ン

337 labor 労働
338 audience 聴衆
339 wage 賃金、給料
343 deceive だます
344 exclude 除外する
345 phase 段階
349 construct 建築する
350 fraction 破片
351 differentiate 識別する

PART 1
PART 2
PART 3
PART 4
PART 5

340 creative 想像力がある   341 quantity 量   342 stereotype 固定観念
346 adequate 十分な   347 majority 過半数   348 landlord 地主
352 consumption 消費

353 produce

[prədjúːs] プロ**デュ**ース
動 製造する

プロが**ジュース**を製造する

That factory **produces dog food**.
あの工場は<u>ドッグフードを製造している</u>。

354 border

[bɔ́ːrdər] **ボー**ダ
名 境界

ボーダーのシャツを着て境界を引く

Where is **the border between Europe and Asia**?
<u>ヨーロッパとアジアの境界</u>はどこですか。

355 ingredient

[ingríːdiənt] イング**リー**ディエント
名 材料

イングリッシュで**煙突**の材料は何？

Flour is **the main ingredient** in cakes.
小麦粉はケーキの<u>主な材料</u>です。

356 negotiate

[nigóuʃièit] ニ**ゴ**ウシエイト
動 交渉する

ネコが「**シェー**」とポーズして交渉する

The buyer **negotiated for a lower price**.
買い手は<u>より低い価格を求めて交渉した</u>。

357 flexible

[fléksəbl] フレクスィブル
形 柔軟な

風呂で**騎士**と**ブル**ドッグが体操して、柔軟な体を作る

Flexible hours are convenient for working mothers.
柔軟な勤務時間はワーキングマザーにとって便利だ。

358 desirable

[dizáiərəbl] ディ**ザ**イアラブル
形 望ましい

デザインは**ラブリ**ーなものが**望ましい**

This is **a desirable location** for a restaurant.
これはレストランにとって望ましい場所だ。

359 transaction

[trænsǽkʃən] トラン**サ**クション
名 取引

トラが**サック**スを**しょん**ぼりして**取引**をする

You can **complete your transactions** online.
オンラインで取引を完了することができる。

360 assess

[əsés] ア**セ**ス
動 評価する

汗の**す**ごい量を**評価する**

Researchers **have assessed the effect** of climate change.
研究者たちは気候変動の影響を評価した。

361
□
□
□
advance

[ədvǽns] アド**ヴァンス**
動 **前進する**

^{あと}後から**ダンス**しながら**前進する**

The enemy **advanced to the border**.
敵は<u>国境へと前進した</u>。

362
□
□
□
collapse

[kəlǽps] コ**ラ**プス
名 **崩壊**

「**コラ**！」と言うと「**プス**」と怒って関係は**崩壊**

The collapse of the bridge was on the news.
<u>橋の崩壊</u>がニュースになっていた。

363
□
□
□
accurate

[ǽkjərət] **ア**キュレト
形 **正確な**

^{あくれい}**悪霊**は**と**ても**正確な**時間に出てくる

The charts do not provide **accurate information**.
その図表は<u>正確な情報</u>を提供していない。

364
□
□
□
delete

[dilíːt] ディ**リ**ート
動 **削除する**

PCの "**Delete**" キーを消しゴムで**削除する**

Sakura **deleted the file** by accident.
サクラは間違えて<u>ファイルを削除した</u>。

365 principal

[prínsəpəl] プリンスィパル
形 **主要な**

プリンを**縛る**のが主要な仕事

We have branches in **the principal cities** in Japan.
当社は日本の主要な都市に支店がある。

366 refrain

[rifréin] リフレイン
動 **控える**

リーフレットに**レイン**がかからないよう外出を控える

Please **refrain from eating** during the concert.
コンサート中にものを食べるのは控えてください。

367 fiscal

[fískəl] フィスカル
形 **会計の**

フィッシュ狩ると会計の上では損になる

The fiscal year ends in March.
会計年度は3月に終わる。

368 remind

[rimáind] リマインド
動 **思い出させる**

利まわりが**インド**に行ったことを思い出させる

The photo **reminds me of my grandfather**.
その写真は私に祖母を思い出させる。

場所法で **覚える**　イラストをプレイスに置いて、場面を想像しよう。

遊園地

各プレイス（❶〜⓰）
の名称はp.341を参照。

Words

353 produce 製造する　354 border 境界　355 ingredient 材料
359 transaction 取引　360 assess 評価する　361 advance 前進する
365 principal 主要な　366 refrain 控える　367 fiscal 会計の

356 negotiate 交渉する   357 flexible 柔軟な   358 desirable 望ましい
362 collapse 崩壊   363 accurate 正確な   364 delete 削除する
368 remind 思い出させる

369 eventually

[ivéntʃuəli] イヴェンチュアリ
副 結果的に

イベント**中、おり**に結果的に入った

The project was **eventually a success**.
プロジェクトは結果的に成功だった。

370 cell

[sél] セル
名 細胞

細胞どうしが<ruby>競<rt>せ</rt></ruby>る

It is hard to repair damaged **nerve cells**.
損傷した神経細胞を修復するのは難しい。

371 interpret

[intə́ːrprət] インタープリト
動 解釈する

余**韻**たっぷりと味わい、解釈する

It was difficult to **interpret his art**.
彼の芸術を解釈するのは難しかった。

372 struggle

[strʌ́gl] スト**ラ**グル
動 奮闘する

巣を**トラ**が**ぐる**っと囲んで奮闘する

Helmut **struggled to learn Spanish**.
ヘルムートはスペイン語を学ぼうと奮闘した。

PART
1

PART
2

PART
3

PART
4

PART
5

373 deposit

[dipázət] ディパズィト
名 預金

出っ歯が**じっと**預金を眺める

She has **a large deposit** in the bank.
彼女はその銀行に多額の預金がある。

374 legend

[lédʒənd] レヂェンド
名 伝説

レジから**えんど**う豆が出てくるという**伝説**

Her story **became a legend**.
彼女の話は伝説になった。

375 leisure

[líːʒər] リージャ
形 余暇の

「**霊じゃん！**」とびっくりした、**余暇**の海で

I wish I **had more leisure time**.
もっと余暇の時間があればいいのに。

376 require

[rikwáiər] リクワイア
動 要求する

「**陸は嫌！**」と要求する

This matter **requires board approval**.
この件は取締役会の承認を要求する。

163

377 dedicate

[dédəkèit] デディケイト
🎬 捧げる

ダディが**毛糸**を妻に**捧げる**

He **dedicated his life** to the community.
彼は地域社会のために一生を捧げた。

378 urgency

[ə́:rdʒənsi] アーヂェンスィ
🏷 緊急(性)

ピーポー
ピーポー

あ～然、**シー**ンとなるほど**緊急**である

We understand **the urgency of the situation**.
私たちは状況の緊急性を理解している。

379 intellectual

[ìntəléktʃuəl] インテレクチュアル
🏷 知的な

インテリは**靴ある**時でも**知的な**置き方
をする

Hugo likes **intellectual hobbies**.
ヒューゴーは知的な趣味を好む。

380 inclined

[inkláind] インクラインド
🏷 したい

インクで**ライン**を**ド**ッと**ひきたい**

I feel **inclined to run** this morning.
今朝は走りたい気がする。

381 feedback

[fíːdbæk] フィードバク
名 評価

不意に**ド**アで**バック**したことは**評価**できる

We received **positive feedback**.
当社は良い評価を受けた。

382 drought

[dráut] ドラウト
名 干ばつ

ドラ打っ**と**干ばつが起きる

The devastating drought killed the trees in the forest.
その猛烈な干ばつで森の木が枯れた。

383 boast

[bóust] ボウスト
動 自慢する

坊主が**跳**んで**自慢する**

The hotel **boasts a stunning view**.
そのホテルは素晴らしい眺めを自慢している。

384 furnish

[fə́ːrniʃ] ファーニシュ
動 備え付ける

ファーに**石**を備え付ける

The room **is furnished with a fridge**.
部屋には冷蔵庫が備え付けられている。

場所法で **覚える**

イラストをプレイスに置いて、場面を想像しよう。

○×駅

駅

各プレイス（❶〜⓰）
の名称は
p.341を参照。

Words

369 eventually 結果的に　　370 cell 細胞　　371 interpret 解釈する
375 leisure 余暇の　　376 require 要求する　　377 dedicate 捧げる
381 feedback 評価　　382 drought 干ばつ　　383 boast 自慢する

166　Section 4

□□□ 373

□□□ 374

□□□ 375

❺

❻

❼

□□□ 376

❽

❾　□□□ 377

❿

⓫

⓬

□□□ 379

□□□ 380

□□□ 378

ピーポー
ピーポー

372 struggle 奮闘する
378 urgency 緊急(性)
384 furnish 備え付ける

373 deposit 預金
379 intellectual 知的な

374 legend 伝説
380 inclined したい

月　日　月　日　月　日　復習はp.205で　167

385 situation

[sìtʃuéiʃən] スィチュ**エイ**ション
名 **状況**

シチューが**ええ商**売になる**状況**

Miguel quickly **explained the situation**.
ミゲルはすばやく状況を説明した。

386 protect

[prətékt] プロ**テク**ト
動 **保護する**

プロテクターを付けて**保護する**

The law aims to **protect the environment**.
その法律は、環境を保護することを目的とする。

387 pollution

[pəlúːʃən] ポ**ルー**ション
名 **汚染**

ポリスの**しょん**便で海が**汚染**

Recycling **reduced the pollution** in our town.
リサイクルが私たちの町の汚染を減少させた。

388 stimulate

[stímjəlèit] ス**ティ**ミュレイト
動 **刺激する**

スチームで**冷凍**食品を**刺激する**

This advertising should **stimulate more sales**.
この広告はさらに販売を刺激するはずだ。

389 evolution

[èvəlúːʃən] エヴォ**ルー**ション

名 進化

エクボに**ローション**塗ってかわいく**進化**

We are undergoing **a further evolution**.
当社はさらなる進化を遂げつつある。

390 actual

[ǽktʃuəl] **ア**クチュアル

形 実際の

あくちゅう
悪 虫 を**アル**コールで殺す**実際の**方法

The actual price has not been decided yet.
実際の価格はまだ決まっていません。

391 tendency

[téndənsi] **テ**ンデンスィ

名 傾向

点で **C** を書く**傾向**

Sara **has a tendency** to laugh when she is nervous.
サラは緊張すると笑う傾向がある。

392 incorporated

[inkɔ́ːrpərèitəd] イン**コー**ポレイテド

形 法人の

インコに**ポ**テトを**冷凍で**売る**法人の**商売

The hospital became **an incorporated entity.**
その病院は法人企業になった。

393 validate

[vǽlədèit] ヴァリデイト
動 確認する

バリの**デート**を**確認する**

The program automatically **validates the data**.
プログラムは自動的に<u>データを確認する</u>。

394 confront

[kənfrʌ́nt] コンフラント
動 対立する

コーンを**フロント**（前）に立てて**対立する**

You should avoid **confronting your boss**.
<u>上司と対立する</u>のは避けるべきだ。

395 fault

[fɔ́:lt] フォールト
名 責任

放るとは**責任**逃れだ

Don't **admit fault** regarding the accident.
その事故については<u>責任を認める</u>な。

396 load

[lóud] ロウド
名 荷物

ろう
蝋の**うど**んを**荷物**に入れる

The girl carried **a heavy load** on her head.
その少女は<u>重い荷物</u>を頭上に載せて運んだ。

397 implement

[ímpləmənt] **イ**ンプレメント
動 実施する

インドに**プリン**、**面倒**だけれど送るのを
実施する

It is impossible to **implement the measure**.
その措置を実施するのは不可能だ。

398 donate

[dóuneit] **ド**ウネイト
動 寄付する

銅が**ねーと**困るので、**寄付する**

Saul **donated money** to that charity.
サウルはその慈善団体にお金を寄付した。

399 breakdown

[bréikdàun] ブレイクダウン
名 故障

ブレイクダンスで**ダウン**したら**故障**して
いた

We inspected the machine in order to
avoid a breakdown.
私たちは故障を避けるために機械を検査した。

400 embrace

[imbréis] インブ**レ**イス
動 抱きしめる

円持って**ブレス**すると、**抱きしめる**ポーズ

They **embraced each other** firmly.
彼らは固くお互いを抱きしめた。

場所法で **覚える**　イラストをプレイスに置いて、場面を想像しよう。

□□□ 388

□□□ 389

□□□ 387

❸

❹

❺

□□□ 386

❷

❶

□□□ 385

♪

¥

❶

⓯

スポーツジム

各プレイス（❶～⓰）
の名称は
p.341を参照。

⓰

❷

□□□ 400

□□□ 399

□□□ 398

1
3

Words

385 situation 状況　　　　386 protect 保護する　　　387 pollution 汚染
391 tendency 傾向　　　　392 incorporated 法人の　　393 validate 確認する
397 implement 実施する　　398 donate 寄付する　　　399 breakdown 故障

□□□ 390

□□□ 391

□□□ 392

冷たいな〜

❼

❽

□□□ 393

紹介
キャンペーン
実施中

❻

❾

〇月
日月火水木金土

⑩

□□□ 394

⑬

⑫

⑪

□□□ 397

□□□ 396

□□□ 395

インド

388 stimulate 刺激する　　　389 evolution 進化　　　390 actual 実際の
394 confront 対立する　　　395 fault 責任　　　396 load 荷物
400 embrace 抱きしめる

401 particularly

[pərtíkjələrli] パ**ティ**キュラリ
副 **特に**

パーティーでドラ**キュラ**に**リー**ダーだよ、と**特に**指名する

That movie is not **particularly interesting**.
その映画は特に面白いことはない。

402 introduce

[ìntrədjúːs] イントロ**デュース**
動 **紹介する**

イン（中）で**トロ**と**ジュース**を食べながら紹介する

James will **introduce the speaker**.
ジェームズが演説者を紹介します。

403 climate

[kláimət] ク**ライ**メト
名 **気候**

暗い姪（めい）は、**と**くに**気候**のせい

We enjoy **a mild climate** here.
ここでは温暖な気候を享受しています。

404 charity

[tʃǽrəti] **チャ**リティ
名 **慈善**

チャリで**ティー**を飲みながら**慈善**活動する

Loise donated money to **the charity event**.
ルイスはその慈善行事にお金を寄付した。

405 altogether

[ɔ̀:ltəgéðər] オールトゥ**ゲ**ザ
副 **完全に**

オール（みんな）、**トゥゲザー**（一緒）
で**完全に**

That plan is **altogether impossible**!
その計画は完全に不可能だ。

406 concern

[kənsə́:rn] コン**サー**ン
名 **懸念**

コンサートをう**ん**と懸念

The director **raised concerns** about the situation.
取締役は状況に対する懸念を表明した。

407 distribute

[distríbju:t] ディスト**リ**ビュート
動 **分配する**

辞す鳥ビューと飛んで、2つに**分配する**

The volunteers **distributed food** to the victims.
ボランティアたちは被災者に食料を分配した。

408 recover

[rikʌ́vər] リ**カ**ヴァ
動 **回復する**

リアルで**カバ**を見て体力を**回復する**

Trent **completely recovered** from his surgery.
トレントは手術から完全に回復した。

409 resist

［rizíst］リズィスト
動 抵抗する

理事がストをして抵抗する

The thief **resisted arrest** violently.
泥棒は激しく<u>逮捕に抵抗した</u>。

410 prototype

［próutətàip］プロウトタイプ
名 試作品

プロと様々なタイプの試作品を作る

The team **made a prototype** for a solar car.
チームはソーラーカーの<u>試作品を作った</u>。

411 abuse

［əbjúːz］アビューズ
動 濫用する

アブと柚子を魔法使いが濫用する

Jun **abused his right** to take breaks.
ジュンは休憩を取得する<u>権利を濫用した</u>。

412 acquire

［əkwáiər］アクワイア
動 獲得する

灰汁は嫌なので、徹底して灰汁を獲得する

We **acquired the right** to sell the product.
当社はその製品を販売する<u>権利を獲得した</u>。

413 accommodation

[əkàmədéiʃən] アカモ**デイ**ション
名 宿泊施設

「あ！ 顧問でしょう！」、宿泊施設の受付にいるのは

Is there **accommodation for two people** tonight?
今晩、2人用の宿泊施設はありますか。

414 penalty

[pénəlti] **ペ**ナルティ
名 刑罰

ペンで**なる**との絵を**T**シャツに書いたら刑罰を受ける

He is unjustly facing **the death penalty**.
彼は不当にも死刑に直面している。

415 leverage

[lévəridʒ] **レ**ヴァリヂ
動 利用する

レバーで**レジ**を開けて利用する

Elina knows how to **leverage social media**.
エリナはソーシャルメディアを利用する方法を知っている。

416 assign

[əsáin] ア**サ**イン
動 割り当てる

「あ」という**サイン**をみんなに割り当てる

The manager **assigned a task** to each member.
マネジャーは、各メンバーに作業を割り当てた。

□□□ 404

□□□ 405

□□□ 403

□□□ 402

□□□ 401

部屋

各プレイス（❶〜⓰）
の名称は
p.341を参照。

□□□ 416

□□□ 415

□□□ 414

Words

401 particularly 特に　　402 introduce 紹介する　　403 climate 気候
407 distribute 分配する　　408 recover 回復する　　409 resist 抵抗する
413 accommodation 宿泊施設　　414 penalty 刑罰　　415 leverage 利用する

404 charity 慈善
405 altogether 完全に
406 concern 懸念
410 prototype 試作品
411 abuse 濫用する
412 acquire 獲得する
416 assign 割り当てる

417 function

[fʌ́ŋkʃən] ファンクション
名 機能

ファンに**クッション**を送る機能がある

This model has **an innovative function**.
このモデルには革新的な機能がある。

418 combine

[kəmbáin] コンバイン
動 結合する

コーンと**パイン**を結合する

We **combine technical expertise** with innovation.
当社はイノベーションと技術的知識を結合している。

419 household

[háushòuld] ハウスホウルド
名 世帯

ハウスを**掘ると**同じ世帯だった

The average household has 2.5 TVs.
平均的な世帯には2.5台のテレビがある。

420 participate

[pɑːrtísəpèit] パーティスィペイト
動 参加する

パーティーに、**湿布**を**エイ**に貼って一緒に参加する

How many people **participated in the workshop**?
何人がワークショップに参加しましたか。

421 aboard

[əbɔ́ːrd] アボード
副 乗って

「**あ**」という**ボード**に乗って

The boat will leave when everyone **gets aboard**.
全員が乗ったらボートは出発します。

422 itinerary

[aitínərèri] アイ**ティ**ナレリ
名 旅程

会いて~な、レリーさんに合わせた**旅程**にする

Here is a copy of **the itinerary for your trip**.
こちらが出張の旅程の写しです。

423 steady

[stédi] ス**テ**ディ
形 安定した

素手でいい、安定した関係を築くため

There was **a steady stream** of customers all day.
一日中顧客の安定した流れがあった。

424 submit

[səbmít] サブ**ミ**ト
動 提出する

サブに**ミット**を提出する

Rena **submitted an application** for the job.
レナはその職の応募書類を提出した。

425 odd

[ád] アド
形 奇妙な

おどおどしている**奇妙な**人

There was **an odd smell** outside.
外で奇妙なにおいがした。

426 deprive

[dipráiv] ディプ**ラ**イヴ
動 奪う

でかいプラムを**イブ**に奪う

Anxiety **deprived him of hope.**
不安が彼から希望を奪った。

427 calculation

[kælkjəléiʃən] キャルキュ**レ**イション
名 計算

「**軽くてきれいでしょ**」と計算をする

Levi is good at **mental calculation.**
リーバイは暗算が得意だ。

428 cooperation

[kouàpəréiʃən] コウア**ペレ**イション
名 協力

コーポで**オペラ**、一緒に協力をして歌う

Thanks for **your earnest cooperation.**
真摯な協力をありがとう。

429 defect

[díːfekt] ディーフェクト
名 欠陥

ディフェンダーが**クタ**クタになったのは、靴に**欠陥**があったため

They will **fix the defect** in hours.
彼らは数時間で欠陥を直すだろう。

430 convention

[kənvénʃən] コンヴェンション
名 しきたり

この便所では、**しょん**便を一緒にするしきたりがある

The company has **many old conventions**.
その会社には多くの古いしきたりがある。

431 consult

[kənsʌ́lt] コンサルト
動 相談する

コーンに**ソルト**をかけてよいか**相談する**

Josh **consulted a lawyer** about his divorce.
ジョシュは、離婚について弁護士に相談した。

432 disrupt

[disrʌ́pt] ディスラプト
動 混乱させる

This ラップと that ラップとで**混乱させる**

Her questions **disrupted the meeting**.
彼女の質問は会議を混乱させた。

場所法で **覚える**

イラストをプレイスに置いて、場面を想像しよう。

□□□ 418

□□□ 419

□□□ 420

□□□ 417

校庭

各プレイス（❶～⓰）
の名称はp.341を参照。

□□□ 432

□□□ 431

□□□ 430

□□□ 429

 Words

417 function 機能	**418** combine 結合する	**419** household 世帯
423 steady 安定した	**424** submit 提出する	**425** odd 奇妙な
429 defect 欠陥	**430** convention しきたり	**431** consult 相談する

184　Section 7

420 participate 参加する　421 aboard 乗って　422 itinerary 旅程
426 deprive 奪う　427 calculation 計算　428 cooperation 協力
432 disrupt 混乱させる

433 quarter

[kwɔ́ːrtər] クウォータ
名 四半期

9_クの**ウォーター**が**四半期**に残った

The newsletter is published **once a quarter**.
そのニュースレターは<u>四半期に一度</u>発行される。

434 traditional

[trədíʃənəl] トラディショナル
形 伝統的な

トラが**辞書**に**載る**のは**伝統的な**こと

"Cherry blossom viewing" is **a traditional pastime** in Japan.
「花見」は日本の<u>伝統的な</u>娯楽である。

435 compete

[kəmpíːt] コンピート
動 競う

金平糖の重さを**競う**

Elise will **compete in a race** next weekend.
エリーズは次の週末に<u>レースで競う</u>。

436 action

[ǽkʃən] アクション
名 行動

ハ**アクション**とくしゃみして**行動**

We must **take quick action**.
<u>迅速な行動を取ら</u>なければならない。

437 retrieve

[ritríːv] リトリーヴ
動 回収する

リス捕りは**イブ**に回収する

They **retrieved the car** from the water.
彼らは水中から車を回収した。

438 disappointment

時差通勤
ポイント
10倍!

[dìsəpɔ́intmənt] ディサポイントメント
名 失望

時差で**ポイント**貯め**んと**するが、うまくいかず**失望**

Her face **showed disappointment**.
彼女の顔は失望を示していた。

439 debt

10000

[dét] デト
名 借金

デブと借金をする

Ross repaid **his house debt** in ten years.
ロスは10年間で彼の家の借金を返済した。

440 blueprint

[blúːprint] ブループリント
名 設計図

ブルーに**プリント**された**設計図**

We **created blueprints** for our new house.
私たちは新居の設計図を作った。

441 monitor

[mánətər] マニタ
動 監視する

モニターで監視する

This machine **monitors the ocean's temperature**.
この機械は海洋温度を監視する。

442 proficiency

[prəfíʃənsi] プロ**フィ**シェンスィ
名 習熟度

プロが**フィ**ッシングの**支援し**、釣り人の習熟度を見る

Jan shows **a high proficiency** in spoken English.
ジャンは口語英語の高い習熟度を示している。

443 sustain

[səstéin] サス**テイン**
動 維持する

「**さすっ**ていい」と体勢を維持する

We need reforms to **sustain growth**.
私たちは成長を維持するために改革が必要だ。

444 defend

[difénd] ディ**フェ**ンド
動 防御する

ディ**フェ**ンダーが防御する

The soldiers bravely **defended the city**.
兵士たちは勇敢にその都市を防御した。

445 impose

[impóuz] イン**ポ**ウズ
動 **課す**

インドの**ポーズ**とることを**課す**

The government **imposed a new regulation.**
政府は新しい規制を課した。

446 fascinating

[fǽsənèitiŋ] **ファ**スィネイティング
形 **魅力的な**

ファンをおろそかに**しね～点が**魅力的
なアイドル

This is **a fascinating book** about local history.
これは郷土史についての魅力的な本です。

447 withdraw

[wiðdrɔ́:] ウィズド**ロー**
動 **撤回する**

キィ**ウィズ**が**ドロー**ンの申請を撤回する

They officially **withdrew their application.**
彼らは公式に申請を撤回した。

448 nevertheless

[nèvərðəlés] ネヴァザ**レス**
副 **それにもかかわらず**

ネバネバの納豆を**スレス**レでかわした、
それにもかかわらず

The coat was really expensive, **but
nevertheless**, I bought it.
コートは本当に高かったが、それにもかかわらず私は買った。

189

場所法で
覚える

 イラストをプレイスに置いて、場面を想像しよう。

□□□ 435
□□□ 436
□□□ 437
□□□ 434
❸
❷
❺
❶
❹
□□□ 433
□□□ 448
□□□ 447
□□□ 446
⑯
⑭
⑮

教室

各プレイス（❶〜⑯）
の名称は
p.341を参照。

Words

433 quarter 四半期	**434** traditional 伝統的な	**435** compete 競う
439 debt 借金	**440** blueprint 設計図	**441** monitor 監視する
445 impose 課す	**446** fascinating 魅力的な	**447** withdraw 撤回する

 190　Section 8

436 action 行動　　**437** retrieve 回収する　　**438** disappointment 失望
442 proficiency 習熟度　　**443** sustain 維持する　　**444** defend 防御する
448 nevertheless それにもかかわらず

月 日　月 日　月 日　復習はp.207で　191

449
□
□
□
memorize

[mémэràiz] メモライズ
動 記憶する

メモをライスに貼って記憶する

Yuka **memorizes two words** every day.
ユカは毎日2つの単語を記憶する。

450
□
□
□
compose

[kэmpóuz] コンポウズ
動 組み立てる

昆布とポン酢で味を組み立てる

Hundreds of parts **compose the whole**.
数百の部品が全体を組み立てている。

451
□
□
□
supply

[sэplái] サプライ
動 供給する

サプリとライスで栄養を供給する

The river **supplies water** to several states.
その川は複数の州に水を供給している。

452
□
□
□
regard

[rigá:rd] リガード
動 見なす

りんごをガードと見なす

She didn't **regard the problem as serious**.
彼女はその問題を深刻だと見なさなかった。

453 characteristic

[kæ̀rəktərístik] キャラクタ**リ**スティク
名 特徴

キャラクター—**リス**トには**ティク**の特徴
が載っている

The chart **shows important characteristics**.
その図表は重要な特徴を示している。

454 ensure

[inʃúər] イン**シュ**ア
動 保証する

円で**シュワ**シュワを保証する

Hard work **ensures success**.
一生懸命働くことが成功を保証する。

455 obstacle

[ábstəkl] **ア**ブスタクル
名 障害

おんぶし**タックル**する人は障害

The biggest obstacle is the small budget.
最大の障害は予算が少ないことだ。

456 confusion

[kənfjúːʒən] コン**フュ**ージョン
名 混乱

コンセントを**フュージョン**（結合）する
方法がわからなくて混乱

The news was announced in order to
avoid confusion.
そのニュースは混乱を避けるために公表された。

457 approximately

[əpráksəmətli] アプ**ラ**クスィメトリ
副 **おおよそ**

おおよそ、アポロの**きし**みは**メートル**単位だ

The test will take **approximately 30 minutes**.
そのテストはおおよそ30分かかる。

458 agricultural

[ǽgrikʌ́ltʃərəl] アグリ**カ**ルチュラル
形 **農業の**

あ～栗の**カルチャ−ある**のは農業の文化だな～

Our agricultural products sell well.
当社の農産物はよく売れている。

459 independence

[ìndəpéndəns] インディ**ベ**ンデンス
名 **独立**

「**インド**の**ペンでゃんす**」と独立祝いにくれた

America **gained independence** in 1776.
アメリカは1776年に独立を獲得した。

460 undergo

[ʌ̀ndərgóu] アンダ**ゴ**ウ
動 **経験する**

安打、ゴーを経験する

We **underwent major changes** ten years ago.
当社は10年前に大きな変化を経験した。

461 boom

[búːm] ブーム
名 好景気

ブームが来ると**好景気**になる

The IT industry **enjoyed a boom** in those days.
当時、IT業界は好景気を享受していた。

462 decade

でっけー

10才

[dékeid] デケイド
名 10年

でっけーど、**10年**の差は

Gas prices rose fast **during the past decade**.
ガス料金は過去10年間で急に上がった。

463 delegate

[déləgət] デレゲト
動 委任する

山**寺**に**ゲート**作る仕事を**委任する**

The CEO **delegated his authority** to his son.
CEOは息子に権限を委任した。

464 coincidence

[kouínsədəns] コウインスィデンス
名 (偶然の) 一致

好印象の**ダンス**だったので、心を**一致**させて踊りましょう

We wore the same clothes **by coincidence**.
私たちは偶然の一致で同じ服を着ていた。

195

場所法で **覚える** イラストをプレイスに置いて、場面を想像しよう。

□□□ 451

□□□ 452

□□□ 453

キャラクターリスト

□□□ 450

ジュース

□□□ 449

memo rize

プール

各プレイス（❶〜⓰）
の名称は
p.341を参照。

□□□ 464

□□□ 463

□□□ 462

でっけー

10才

Words

449 memorize 記憶する	450 compose 組み立てる	451 supply 供給する
455 obstacle 障害	456 confusion 混乱	457 approximately おおよそ
461 boom 好景気	462 decade 10年	463 delegate 委任する

454 ensure 保証する
455
456
457
458
459
460
461

452 regard 見なす　　453 characteristic 特徴　　454 ensure 保証する
458 agricultural 農業の　459 independence 独立　460 undergo 経験する
464 coincidence (偶然の)一致

465
☐☐☐ **organize**

[ɔ́ːrɡənàiz] オーガナイズ
動 **組織する**

オルガンが**ナイス**なグループを**組織する**

She **organized a small committee** in the company.
彼女は社内で<u>小委員会を組織した</u>。

466
☐☐☐ **choice**

[tʃɔ́is] チョイス
名 **選択**

ちょっとした**椅子**を選択

I believe we made **the right choice**.
私たちは<u>正しい選択</u>をしたと信じている。

467
☐☐☐ **flood**

[flʌ́d] フラド
名 **洪水**

フラダンスを踊っていたら**ドッ**と**洪水**が来た

The buildings were built to **withstand a great flood**.
その建物群は<u>大洪水に耐える</u>ように建てられた。

468
☐☐☐ **comfortable**

[kʌ́mfərtəbl] カンフォタブル
形 **快適な**

コーンの**フォト**をテーブルに置いた部屋は**快適な**

The novelist wanted **a comfortable chair**.
その小説家は<u>快適な椅子</u>がほしかった。

469 conservation

[kὰnsərvéiʃən] カンサ**ヴェ**イション
名 **保存**

缶への**サーブ、ええじゃん**、とボールを
保存

This town **began conservation efforts** of its historic spots.
この街は史跡の<u>保存活動</u>を始めた。

470 accomplish

[əkɑ́mpliʃ] ア**カ**ンプリシュ
動 **達成する**

あ~ん、**カンパリ酒**を飲むことを**達成する**

Henry **accomplished the project** in two days.
ヘンリーは2日で<u>プロジェクトを達成した</u>。

471 rapid

[rǽpəd] **ラ**ピド
形 **急速な**

ラビットが**急速な**動きをする

Our industry is going through **rapid changes**.
私たちの産業は<u>急速な変化</u>を経験している。

472 transparent

[trænspéərənt] トランス**ペ**アレント
形 **透明な**

トランクスの**ペアレント**は**透明な**姿

I prefer **the transparent package design**.
私は<u>透明なパッケージデザイン</u>の方が好きです。

473 obey

[oubéi] オウベイ
動 従う

欧米に従う

You must **obey traffic laws**.
交通法に従わなければならない。

474 generate

[dʒénərèit] ヂェネレイト
動 生む

銭を「エイッ」と生む

We **generate revenue** from oil sales.
当社は石油の販売で収益を生んでいる。

475 alternative

[ɔːltə́ːrnətiv] オールターナティヴ
名 代替手段

オール漕ぐのを**ターバン**の**ネイティブ**
と交代し、**代替手段**になってもらう

Is there **a less expensive alternative**?
もっと安価な代替手段はありませんか。

476 release

[rilíːs] リリース
動 解放する

リーダーの**リス**が解放する

The terrorists **released the hostages**.
テロリストたちは人質を解放した。

477 yield

[jíːld] イールド
動 生む

「**射るど！**」と言って捕らえた熊が利益を生む

Doing the same things **yields the same results**.
同じことをすると同じ結果を生む。

478 nursery

[nə́ːrsəri] ナーサリ
名 託児所

ナースが**サリー**を着て**託児所**に行く

My uncle **runs a nursery** in our town.
おじは私たちの町で託児所を経営している。

479 concise

[kənsáis] コンサイス
形 簡潔な

コーンの**サイズ**を簡潔な方法で測る

Hitomi gave **a concise description** of the meeting.
ヒトミは会議内容の簡潔な説明をした。

480 undertake

[ʌ̀ndərtéik] アンダテイク
動 引き受ける

アンダーで**体育**着を引き受ける

Mia **undertook the training** of new employees.
ミアは新入社員トレーニングを引き受けた。

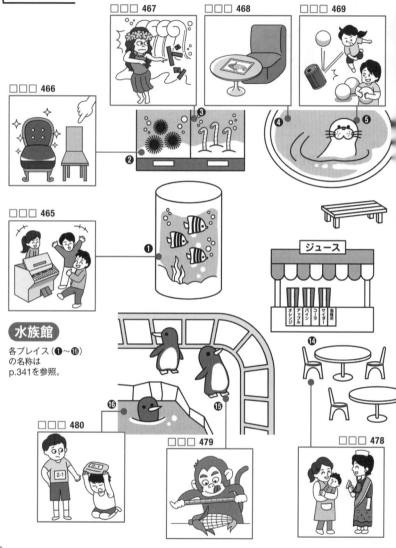

□□□ 467
□□□ 468
□□□ 469
□□□ 466
□□□ 465

水族館

各プレイス（❶〜⓰）
の名称は
p.341を参照。

□□□ 480
□□□ 479
□□□ 478

ジュース

オレンジ／アップル／パイン／コーラ／サイダー／野菜汁

Words

465 organize 組織する　　466 choice 選択　　467 flood 洪水
471 rapid 急速な　　472 transparent 透明な　　473 obey 従う
477 yield 生む　　478 nursery 託児所　　479 concise 簡潔な

□□□ 470

□□□ 471

□□□ 472

❻

❼

❽

□□□ 473

❾

売店

□□□ 474

エイッ

❿

⓫

□□□ 475

⓬

⓭

□□□ 477

□□□ 476

¥10,000,000,0

---

468 comfortable 快適な　　**469** conservation 保存　　**470** accomplish 達成する
474 generate 生む　　**475** alternative 代替手段　　**476** release 解放する
480 undertake 引き受ける

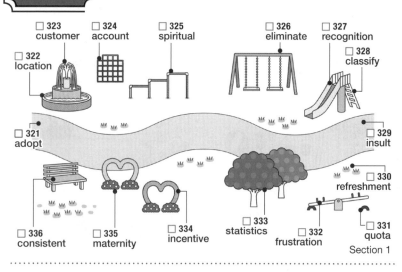

- □ 322 location
- □ 323 customer
- □ 324 account
- □ 325 spiritual
- □ 326 eliminate
- □ 327 recognition
- □ 328 classify
- □ 321 adopt
- □ 329 insult
- □ 330 refreshment
- □ 336 consistent
- □ 335 maternity
- □ 334 incentive
- □ 333 statistics
- □ 332 frustration
- □ 331 quota

Section 1

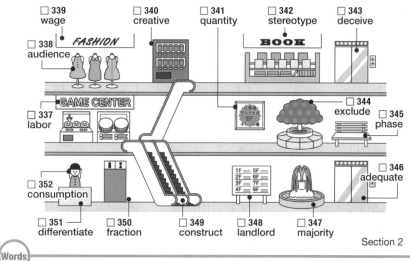

- □ 339 wage
- □ 340 creative
- □ 341 quantity
- □ 342 stereotype
- □ 343 deceive
- □ 338 audience　*FASHION*
- □ 337 labor　GAME CENTER
- BOOK
- □ 344 exclude
- □ 345 phase
- □ 352 consumption
- □ 351 differentiate
- □ 350 fraction
- □ 349 construct
- □ 348 landlord
- □ 347 majority
- □ 346 adequate

Section 2

Words

321 採用する	322 場所	323 客	324 説明する	325 精神的な	326 除去する
327 認識	328 分類する	329 侮辱する	330 軽食	331 割当	332 欲求不満
333 統計	334 動機	335 母性	336 一貫性のある		
337 労働	338 聴衆	339 賃金	340 想像力がある	341 量	342 固定観念
343 だます	344 除外する	345 段階	346 十分な	347 過半数	348 地主
349 建築する	350 破片	351 識別する	352 消費		

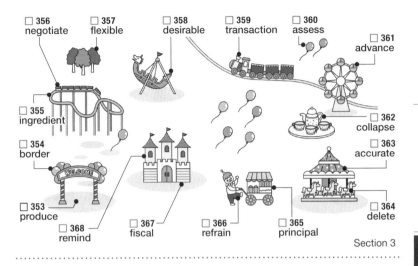

□ 356 negotiate
□ 357 flexible
□ 358 desirable
□ 359 transaction
□ 360 assess
□ 361 advance
□ 355 ingredient
□ 362 collapse
□ 354 border
□ 363 accurate
□ 353 produce
□ 364 delete
□ 368 remind
□ 367 fiscal
□ 366 refrain
□ 365 principal

Section 3

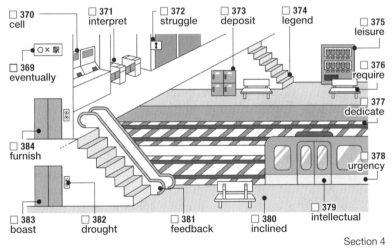

□ 370 cell
□ 371 interpret
□ 372 struggle
□ 373 deposit
□ 374 legend
□ 375 leisure
○×駅
□ 369 eventually
□ 376 require
□ 377 dedicate
□ 384 furnish
□ 378 urgency
□ 383 boast
□ 382 drought
□ 381 feedback
□ 380 inclined
□ 379 intellectual

Section 4

353 製造する	354 境界	355 材料	356 交渉する	357 柔軟な	358 望ましい
359 取引	360 評価する	361 前進する	362 崩壊	363 正確な	364 削除する
365 主要な	366 控える	367 会計の	368 思い出させる		
369 結果的に	370 細胞	371 解釈する	372 奮闘する	373 預金	374 伝説
375 余暇の	376 要求する	377 捧げる	378 緊急(性)	379 知的な	380 したい
381 評価	382 干ばつ	383 自慢する	384 備え付ける		

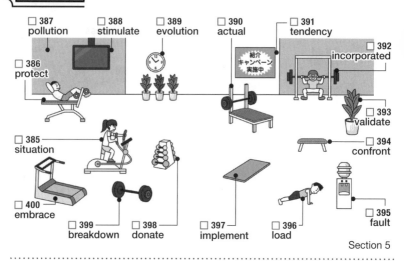

☐ 387 pollution
☐ 388 stimulate
☐ 389 evolution
☐ 390 actual
☐ 391 tendency
☐ 392 incorporated
☐ 386 protect
☐ 393 validate
☐ 385 situation
☐ 394 confront
☐ 400 embrace
☐ 399 breakdown
☐ 398 donate
☐ 397 implement
☐ 396 load
☐ 395 fault

Section 5

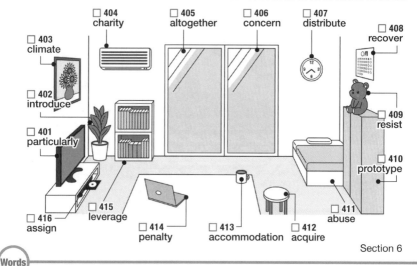

☐ 404 charity
☐ 405 altogether
☐ 406 concern
☐ 407 distribute
☐ 408 recover
☐ 403 climate
☐ 402 introduce
☐ 409 resist
☐ 401 particularly
☐ 410 prototype
☐ 416 assign
☐ 415 leverage
☐ 414 penalty
☐ 413 accommodation
☐ 412 acquire
☐ 411 abuse

Section 6

Words

385 状況	386 保護する	387 汚染	388 刺激する	389 進化	390 実際の
391 傾向	392 法人の	393 確認する	394 対立する	395 責任	396 荷物
397 実施する	398 寄付する	399 故障	400 抱きしめる		
401 特に	402 紹介する	403 気候	404 慈善	405 完全に	406 懸念
407 分配する	408 回復する	409 抵抗する	410 試作品	411 濫用する	412 獲得する
413 宿泊施設	414 刑罰	415 利用する	416 割り当てる		

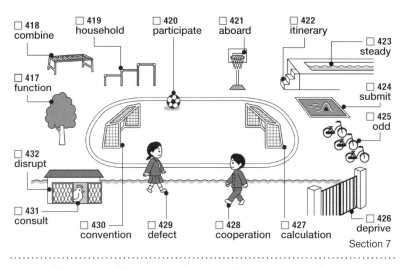

Section 7

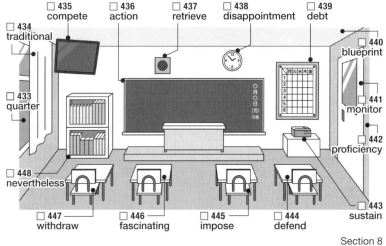

Section 8

417 機能	418 結合する	419 世帯	420 参加する	421 乗って	422 旅程
423 安定した	424 提出する	425 奇妙な	426 奪う	427 計算	428 協力
429 欠陥	430 しきたり	431 相談する	432 混乱させる		
433 四半期	434 伝統的な	435 競う	436 行動	437 回収する	438 失望
439 借金	440 設計図	441 監視する	442 習熟度	443 維持する	444 防御する
445 課す	446 魅力的な	447 撤回する	448 それにもかかわらず		

Section 7　月　日　月　日　月　日　　Section 8　月　日　月　日　月　日　　207

場所法で
復習する

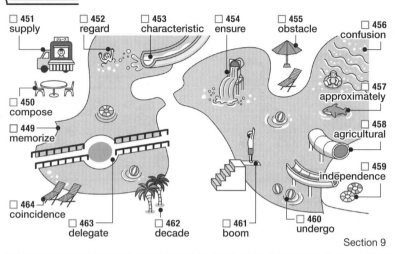

□ 451 supply
□ 452 regard
□ 453 characteristic
□ 454 ensure
□ 455 obstacle
□ 456 confusion
□ 457 approximately
□ 450 compose
□ 449 memorize
□ 458 agricultural
□ 459 independence
□ 464 coincidence
□ 463 delegate
□ 462 decade
□ 461 boom
□ 460 undergo

Section 9

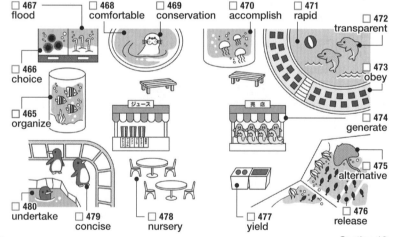

□ 467 flood
□ 468 comfortable
□ 469 conservation
□ 470 accomplish
□ 471 rapid
□ 472 transparent
□ 466 choice
□ 473 obey
□ 465 organize
□ 474 generate
□ 475 alternative
□ 480 undertake
□ 479 concise
□ 478 nursery
□ 477 yield
□ 476 release

Section 10

Words

449 記憶する	450 組み立てる	451 供給する	452 見なす	453 特徴	454 保証する
455 障害	456 混乱	457 おおよそ	458 農業の	459 独立	460 経験する
461 好景気	462 10年	463 委任する	464 (偶然の)一致		
465 組織する	466 選択	467 洪水	468 快適な	469 保存	470 達成する
471 急速な	472 透明な	473 従う	474 生む	475 代替手段	476 解放する
477 生む	478 託児所	479 簡潔な	480 引き受ける		

Part 4

見出し語
481～640

Larbi made **extraordinary improvement**.

481
provide

[prəváid] プロ**ヴァイ**ド
動 提供する

プロの代わりに**バイト**を提供する

The restaurant **provides high quality services**.
そのレストランは高品質のサービスを提供している。

482
destruction

[distrʌ́kʃən] ディスト**ラ**クション
名 破壊

ディスると「**楽**で**しょん**」と言い破壊をする

This church **escaped destruction** in the earthquake.
この教会は地震による破壊を免れた。

483
neighborhood

[néibərhùd] **ネ**イバフド
名 近所

姉ちゃんと**婆**ちゃんが**沸騰**したお湯を持って近所を歩く

There is a good café **in our neighborhood**.
うちの近所によい喫茶店があるよ。

484
disagree

[dìsəgríː] ディサグ**リ**ー
動 反対する

「**This 和栗**」と掲げて反対する

Violet **disagreed with the proposal**.
ヴィオレットはその提案に反対した。

485 baggage

[bǽgidʒ] バギヂ
名 手荷物

壊れた**バッ**グを**ケージ**に入れて**手荷物**にする

Put your baggage under your seat.
座席の下に手荷物を置いてください。

486 dismantle

[dismǽntl] ディス**マ**ントル
動 分解する

時差で数**万ドル**稼ぎ、買った高級時計を分解する

Hank **dismantled the broken engine**.
ハンクは壊れたエンジンを分解した。

487 mature

[mətʃúər] マ**テュ**ア
形 成熟した

抹茶を飲めるくらい**成熟した**人

He always drank **mature wine**.
彼はいつも成熟したワインを飲んでいた。

488 barrier

[bǽriər] バリア
名 障壁

バリアーを張って**障壁**を作る

Telecommunications **have removed barriers** in many industries.
電気通信が多くの産業から障壁を取り除いた。

489 detour

[díːtuər] ディートゥア
動 迂回する

「**出たー**！」と迂回する

The bus driver **detoured to the east**.
バス運転手は東へ迂回した。

490 exhibit

[igzíbət] イグ**ズィ**ビト
動 展示する

行く耳鼻科**と**内科でイグアナを**展示する**らしい

The museum **is exhibiting medieval paintings**.
美術館は中世の絵画を展示している。

491 domestic

[dəméstik] ド**メ**スティク
形 家庭の

「**ダメ、そっち行く**」と姑が家庭の中に入ってくる

His domestic life was very happy.
彼の家庭生活はとても幸せだった。

492 invitation

[invətéiʃən] インヴィ**テ**イション
名 招待

医**院**で尾**てい**骨を治療**しよう**、と彼を**招待**

We should **accept the invitation**.
私たちはその招待を受けるべきです。

493 circulate

[sə́:rkjəlèit] サーキュレイト
🔹 流通する

サッと**急冷凍**して**流通する**

The currencies **circulated in the entire country**.
その通貨は全国で流通した。

494 exaggeration

[igzæ̀dʒəréiʃən] イグザチェ**レイ**ション
🔹 誇張

「**戦**じゃねーでしょう」という説は歴史の**誇張**

His story was **an apparent exaggeration**.
彼の話は明らかな誇張だった。

495 outfit

[áutfit] **ア**ウトフィット
🔹 衣装

会うと**フィット**ネスの**衣装**を着ている

The king **wore a strange outfit**.
その王様は奇妙な衣装を着ていた。

496 prestigious

[prestídʒəs] プレス**ティ**ヂャス
🔹 名声のある

プレスする**手品**を**明日**したら、**名声のある人**になれる

Dr. Trask teaches at **a prestigious university**.
トラスク博士は名声のある大学で教えている。

213

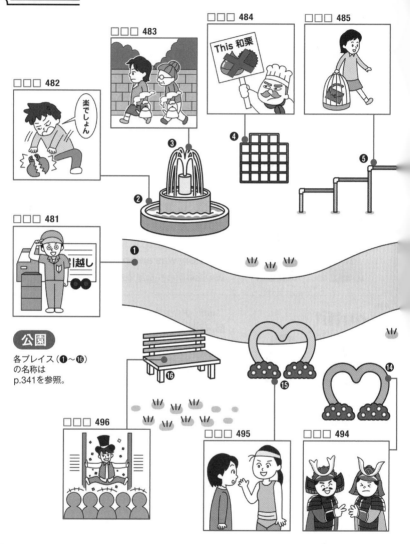

 場所法で **覚える**

イラストをプレイスに置いて、場面を想像しよう。

□□□ 481
□□□ 482
□□□ 483
□□□ 484
□□□ 485

楽でしょん

This 和栗

❶ ❷ ❸ ❹ ❺

公園

各プレイス（❶〜⓰）
の名称は
p.341を参照。

□□□ 496
□□□ 495
□□□ 494

⓰ ⓯ ⓮

 Words

481 provide 提供する
482 destruction 破壊
483 neighborhood 近所
487 mature 成熟した
488 barrier 障壁
489 detour 迂回する
493 circulate 流通する
494 exaggeration 誇張
495 outfit 衣装

484 disagree 反対する　　485 baggage 手荷物　　486 dismantle 分解する
490 exhibit 展示する　　491 domestic 家庭の　　492 invitation 招待
496 prestigious 名声のある

497 grateful

[gréitfəl] グレイトフル
形 感謝して

「**くれぃ！**」と手を**振る**人に感謝して

I am **grateful for your support**.
あなたのサポートに感謝しています。

498 maintain

[meintéin] メイン**テイン**
動 維持する

メインの**店員**に頼んで車を維持する

We should **maintain the relationship** with them.
彼らとの関係を維持すべきです。

499 connect

[kənékt] コネクト
動 接続する

コネクタを使って接続する

Connect this computer to the internet.
インターネットにこのコンピューターを接続してください。

500 consider

[kənsídər] コンス**ィダ**
動 考慮する

コーンと**サイダー**の相性を考慮する

Whitney **considered several options**.
ホイットニーはいくつかの選択肢を考慮した。

501 compliance

[kəmpláiəns] コンプ**ラ**イアンス

名 遵守

会社の**コンプライアンス**を**遵守**

Compliance with the dress code is expected.
ドレスコードの遵守が期待されています。

502 sophisticated

[səfístəkèitəd] ソ**フィ**スティケイテド

形 洗練された

ソファーで**素敵**なス**ケート**踊るなんて、
洗練された人だ

The city adopted **a sophisticated design**.
市は洗練されたデザインを採用した。

503 discard

[diskáːrd] ディス**カ**ード

動 捨てる

ジ ス
JISカードを捨てる

Sheila **discarded some old magazines**.
シーラはいくつか古い雑誌を捨てた。

504 improvement

[imprúːvmənt] インプ**ル**ーヴメント

名 改良

練習が**イン**ドの**プール部**員とでは**面倒**、
改良が必要

Marty insisted **the system improvement**
was necessary.
マーティはシステムの改良が必要だと主張した。

505 dissolve

[dizálv] ディ **ザ**ルヴ
動 **溶ける**

This ソルベが溶ける

Dissolve this medicine in water.
水に<u>この薬を溶かして</u>ください。

506 literally

[lítərəli] **リ**タラリ
副 **文字通り**

板でラリーを文字通り行う

Literally hundreds of fans waited outside.
<u>文字通り何百人のファン</u>が外で待っていた。

507 bully

[búli] **ブ**リ
動 **いじめる**

ブリがいじめる

Randy **bullied younger employees**.
ランディは<u>若い従業員をいじめた</u>。

508 refill

[ri:fíl] リー**フィ**ル
動 **詰め替える**

りんご用に**フィル**ムを詰め替える

Can you **refill the shampoo bottle**?
<u>シャンプーのボトルを詰め替えて</u>もらえる？

509 retain

[ritéin] リテイン
動 保持する

リスの**店員**さんを保持する

Clem **retained the copyright** for his article.
クレムは自分の記事の著作権を保持していた。

510 flavor

[fléivər] フレイヴァ
名 味

この飲み物は**振れば**味が変わる

I **like the flavor** of this coffee.
このコーヒーの味が好きだ。

511 manual

[mǽnjuəl] マニュアル
形 手動の

マニュアルを見て**手動の**やり方を学ぶ

Pull **the manual lever** in case of fire.
火事の時には手動のレバーを引いてください。

512 challenging

[tʃǽləndʒiŋ] チャレンヂング
形 やりがいのある

チャレンジして**リング**で闘うことは**やりがいのある**

I want to do **a more challenging job**.
もっとやりがいのある仕事をしたい。

場所法で
覚える

イラストをプレイスに置いて、場面を想像しよう。

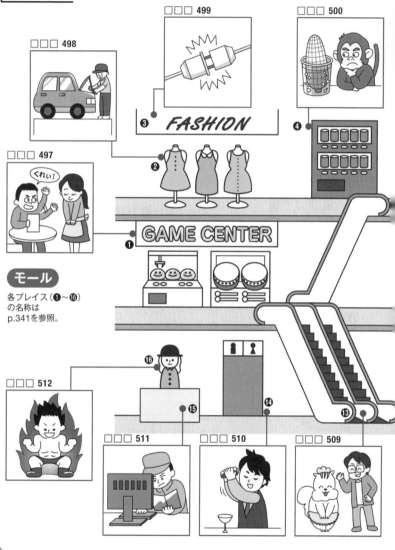

□□□ 499

□□□ 500

□□□ 498

❸ *FASHION*

❹

□□□ 497

くれい!

❷

❶

GAME CENTER

モール

各プレイス（❶〜⓰）
の名称は
p.341を参照。

⓰

□□□ 512

⓯

⓮

⑬

□□□ 511

□□□ 510

□□□ 509

Words

497 grateful 感謝して　　498 maintain 維持する　　499 connect 接続する
503 discard 捨てる　　504 improvement 改良　　505 dissolve 溶ける
509 retain 保持する　　510 flavor 味　　511 manual 手動の

220　Section 2

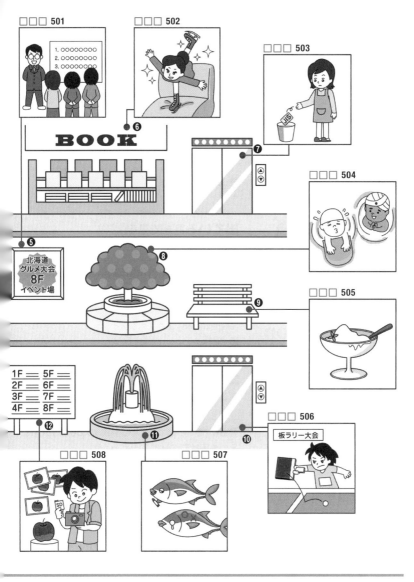

500 consider 考慮する　501 compliance 遵守　502 sophisticated 洗練された
506 literally 文字通り　507 bully いじめる　508 refill 詰め替える
512 challenging やりがいのある

513 vote

[vóut] **ヴォウト**
動 **投票する**

ボートに乗って投票する

I told my son to **vote in the election**.
選挙で投票するよう息子に言った。

514 detail

[dí:teil] **ディーテイル**
名 **詳細**

出ている詳細を見る

I could not **understand all the details**.
すべての詳細は理解できなかった。

515 expectation

[èkspektéiʃən] エクスペク**テイ**ション
名 **期待**

生かすペットで**テンション**上げて、元気になるのを期待

That movie **exceeded my expectations**.
その映画は私の期待以上だった。

516 range

[réindʒ] **レインヂ**
名 **範囲**

レンジの範囲を調べる

They offer **a wide range** of products.
彼らは広範囲の製品を提供している。

517 publication

[pÀbləkéiʃən] パブリ**ケイ**ション
名 出版物

パブで**理系**の**書**を**出版物**として売る

My aunt **edited this publication**.
私のおばが<u>この出版物を編集した</u>。

518 invest

[invést] イン**ヴェ**スト
動 投資する

インド人は**ベスト**を着て**投資する**

Gladys **invested her money** in the stock market.
グラディスは<u>株式市場にお金を投資した</u>。

519 fraud

[frɔ́ːd] フ**ロー**ド
名 詐欺

不老の**ど**の薬も**詐欺**

We have taken measures to **prevent fraud**.
当社は<u>詐欺を防止する</u>措置を取った。

520 biological

[bàiəládʒikəl] バイオ**ラ**ヂカル
形 生物学の

バイオリンに**字書く**、「**生物学の**」と

She majors in **biological science**.
彼女は<u>生物科学</u>を専攻している。

521 discourage

[diskə́:ridʒ] ディス**カー**リヂ
動 失望させる

This カレーじゃない、と失望させる

The news **discouraged the employees**.
その知らせは従業員を失望させた。

522 attribute

[ətríbjuːt] アト**リ**ビュート
名 属性

「**あ**」くわえた**鳥**が**ビュー**と飛んだ、鳥の属性は？

What attributes are needed for this job?
この仕事にはどんな属性が必要ですか。

523 compromise

[kámprəmàiz] **カン**プロマイズ
名 妥協

紺の**プロ**仕様**マウス**で妥協

The minister **rejected the compromise**.
その大臣は妥協を拒否した。

524 divorce

[dəvɔ́ːrs] ディ**ヴォ**ース
名 離婚

デブで**坊主**（ボーズ）になったので、離婚を迫る

Neil moved to London **after his divorce**.
ニールは離婚のあとでロンドンに移住した。

525 inquire

[inkwáiər] インク**ワイア**
動 **たずねる**

「**インクは嫌**！」という理由を**たずねる**

Sharon **inquired about the rumor**.
シャロンはそのうわさについてたずねた。

526 anticipate

[æntísəpèit] アン**ティ**スィペイト
動 **予期する**

アンチは**素**顔に**ペイント**されることを**予期する**

We **anticipate an increase** in sales.
私たちは売上の増加を予期している。

527 copyright

[kápiràit] **カ**ピライト
名 **著作権**

著作権が切れた本の**コピー**は**ライト**（右）に置く

We **own the copyright** for the photo.
当社はその写真の著作権を有しています。

528 chief

[tʃíːf] **チーフ**
名 **（組織の）長**

チーズと**麩**を**長**が食べている

The chief of police made an announcement.
警察署長が発表を行った。

□□□ 516

□□□ 517

物理

□□□ 518

□□□ 515

⑤

⑥

④

③

□□□ 514

②

⑯

WELCOME

□□□ 513

①

⑮

□□□ 528

□□□ 527

切れてます。

遊園地

各プレイス（❶〜⑯）
の名称はp.341を参照。

 Words

513 vote 投票する	514 detail 詳細	515 expectation 期待
519 fraud 詐欺	520 biological 生物学の	521 discourage 失望させる
525 inquire たずねる	526 anticipate 予期する	527 copyright 著作権

516 range 範囲　　517 publication 出版物　　518 invest 投資する
522 attribute 属性　　523 compromise 妥協　　524 divorce 離婚
528 chief（組織の）長

529 transport

[trǽnspɔːrt] トランス**ポート**
動 輸送する

トランクス**をボートで輸送する**

The cost to **transport goods** has increased.
商品を輸送する費用が増加した。

530 formal

[fɔ́ːrməl] フォーマル
形 正式な

フォー（4つ）の**丸**が付いている、**正式な書類には**

Please submit **a formal document**.
正式な書類を提出してください。

531 expense

[ikspéns] イクスペンス
名 出費

いかすペンに酢をかけたら出費ばかり

The rental expenses totaled $2,000.
賃料の出費は合計2,000ドルになった。

532 deserve

[dizə́ːrv] ディ**ザーヴ**
動 値する

デブがサーブの練習をすることは感動に値する

Rhonda **deserves a higher salary**.
ロンダはより高い給料に値する。

533
molecule

[málikjùːl] マリキュール
名 分子

漏れくる分子を見る

NASA **found water molecules** on the Moon.
NASAは月面上に水の分子を発見した。

534
embarrass

[imbǽrəs] インバラス
動 当惑させる

円のバランスは当惑させる

Kaito told her not **to embarrass her family**.
カイトは彼女に、家族を当惑させないように言った。

535
archive

[áːrkaiv] アーカイヴ
名 書庫

赤いブタが書庫にいる

The library **keeps an archive** of old books.
その図書館は古書の書庫を保有している。

536
merely

[míərli] ミアリ
副 単に

勝味(かちみ)あり？ 単に闘志を燃やしているだけ

Anli was **merely tired**.
アンリは単に疲れているだけだった。

PART 1

PART 2

PART 3

PART 4

PART 5

229

537 enthusiasm

3.1415926535…

[inθjúːziæzm] インスューズィアズム
名 熱意

円周率を**しあ**うリ**ズム**のすごい**熱意**

They **showed enthusiasm** for the proposal.
彼らは提案への熱意を示した。

538 genetic

じゃね〜

[dʒənétik] チェネティク
形 遺伝の

じゃね〜、っ**て行く**笑顔は**遺伝の**力

Dr. May found **a genetic cause** for the disease.
メイ博士はその疾患の遺伝要因を発見した。

539 digit

1:23:45

[dídʒət] ディヂト
名 桁

それ**で**じっと時計の数字の**桁**を見つめた

The project cost **reached eight digits**.
プロジェクト費用は8桁に達した。

540 bilingual

[bailíŋgwəl] バイリングワル
形 二か国語の

パイの中の**リング**と**ガール**は**二か国語の**

Myra bought **a bilingual dictionary**.
マイラは二か国語辞典を買った。

541 constraint

[kənstréint] コンストレイント
名 制約

コンビでストレート投げるのを**制約**

This project has **a tight time constraint**.
本プロジェクトには厳しい時間的制約がある。

542 express

[iksprés] イクスプレス
動 表現する

エクスプレスに向かって**表現する**

Martin **expressed his gratitude** to us.
マーティンは私たちに謝意を表現した。

543 dispute

[dispjúːt] ディスピュート
名 議論

辞す！ ぴゅーと逃げて**議論**を終わらせた

The client **started a dispute** about the correct price.
顧客は正しい価格について議論を始めた。

544 asset

[æset] アセト
名 資産

焦っている、**資産**をなくして

Let's **sell these assets** to get more cash.
この資産を売って現金を増やそう。

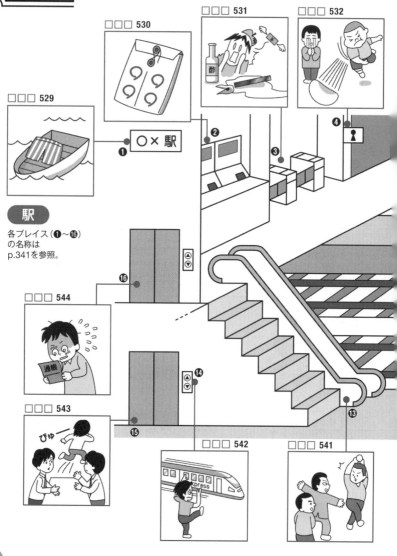

イラストをプレイスに置いて、場面を想像しよう。

駅

各プレイス（❶～⓰）
の名称は
p.341を参照。

Words

529 transport 輸送する
535 archive 書庫
541 constraint 制約

530 formal 正式な
536 merely 単に
542 express 表現する

531 expense 出費
537 enthusiasm 熱意
543 dispute 議論

232　Section 4

532 deserve 値する
538 genetic 遺伝の
544 asset 資産

533 molecule 分子
539 digit 桁

534 embarrass 当惑させる
540 bilingual 二か国語の

月 日　月 日　月 日　復習はp.271で　233

545 precise

[prisáis] プリ**サイス**
形 **正確な**

プリンの**サイズ**を**正確な**物差しで測る

I will send **more precise instructions** later.
後でもっと正確な指示を送ります。

546 survey

1・2・3…　喜寿 77歳 ○○人
米寿 88歳 ○○人
白寿 99歳 ○○人

[sə́:rvei] **サー**ヴェイ
名 **調査**

さあ、**米**寿の人の**調査**をする

Fritz **conducted a survey** to write a report.
フリッツは報告書を書くために調査をした。

547 notice

椅子

[nóutəs] **ノ**ウティス
名 **通知**

ノートに**椅子**と書かれた**通知**

I **received a notice** from a lawyer.
私は弁護士からの通知を受領した。

548 welfare

[wélfèər] **ウェ**ルフェア
名 **福祉**

植える部屋は**福祉**

The town **advanced the welfare** of its people.
町は町民の福祉を促進した。

549 ban

[bǽn] バン
動 禁止する

バンバン叩くのはうるさいので**禁止する**

The restaurant **banned smoking** this year.
このレストランは今年喫煙を禁止した。

550 council

[káunsəl] カウンスル
名 評議会

買うんです、**シール**を！ 評議会で

The council leader sent letters to the members.
評議会のリーダーは会員に手紙を送った。

551 isolate

[áisəlèit] アイソレイト
動 隔離する

愛想ねえと隔離する

The hospital staff **isolated the patient**.
病院職員はその患者を隔離した。

552 absorb

[əbsɔ́:rb] アブ**ソ**ーブ
動 吸収する

アブの**サーブ**を吸収する

This towel **absorbs water** well.
このタオルはよく水を吸収する。

553 optimistic

[àptəmístik] アプティミスティク
形 楽観的な

オフには**ティ**ーに**ミスト行く**ことで楽観的な気分になる

The survey **indicated an optimistic outlook**.
その調査は楽観的な見通しを示した。

554 arise

[əráiz] アライズ
動 生じる

味の**荒い酢**が**生じる**

The problem **arose from carelessness**.
その問題は不注意により生じた。

555 govern

[gávərn] ガヴァン
動 統治する

カバが、**ン**だっ、と国を**統治する**

The king took an oath to **govern the country**.
王は国を統治する誓いを立てた。

556 vendor

[véndər] ヴェンダ
名 売り手

便だ！　売り手がいるとは

We only buy from **trusted vendors**.
当社は信頼できる売り手からのみ購入する。

557 merchandise

[mɔ́ːrtʃəndàiz] マーチャンダイズ
名 商品

まーちゃんが**ダイス**を振ったら**商品**が当たった

Please **price the merchandise** in the box.
箱の中の<u>商品に値段をつけて</u>ください。

558 bribe

[bráib] ブ**ライ**ブ
名 賄賂

ブタが**ライブ**できるのは**賄賂**を渡しているから

The politician **refused the bribe**.
その政治家は<u>賄賂を断った</u>。

559 inventory

[ínvəntɔ̀ːri] イン**ヴェ**ントーリ
名 在庫

いい弁当に**鶏**肉を入れた**在庫**がある

We have **a large inventory** of cameras.
当店にはカメラの<u>豊富な在庫</u>があります。

560 boundary

[báundəri] **バ**ウンダリ
名 限界

バウンドさせて**鳥**に当てる**限界**を試す

We **are pushing back the boundaries** of technology.
私たちは技術の<u>限界を押し広げ</u>つつある。

場所法で
覚える

イラストをプレイスに置いて、場面を想像しよう。

□□□ 547

□□□ 548

□□□ 549

□□□ 546

❸

❹

❺

❷

□□□ 545

❶

❿

スポーツジム

各プレイス（❶～⓰）
の名称は
p.341を参照。

⓯

⓰

□□□ 560

□□□ 559

□□□ 558

Words

545 precise 正確な	**546** survey 調査	**547** notice 通知
551 isolate 隔離する	**552** absorb 吸収する	**553** optimistic 楽観的な
557 merchandise 商品	**558** bribe 賄賂	**559** inventory 在庫

238   Section 5

☐☐☐ 550
☐☐☐ 551
☐☐☐ 552
☐☐☐ 553
☐☐☐ 554
☐☐☐ 557
☐☐☐ 556
☐☐☐ 555

紹介
キャンペーン
実施中

⑥ ⑦ ⑧ ⑨ ⑩ ⑪ ⑫ ⑬

当たり
はずれ

酢

548 welfare 福祉
549 ban 禁止する
550 council 評議会
554 arise 生じる
555 govern 統治する
556 vendor 売り手
560 boundary 限界

561 potential

[pəténʃəl] ポテンシャル
名 可能性

ポテンシャルが高いので優勝の**可能性**がある

This prototype **shows great potential**.
この試作品は大きな可能性を示している。

562 simultaneous

[sàiməltéiniəs] サイマル**テ**イニアス
形 同時の

サイの丸い**手に汗**、両手同時の

It is hard for me to do **several simultaneous tasks**.
複数の同時作業を行うのは私には難しい。

563 dramatic

[drəmǽtik] ドラ**マ**ティク
形 劇的な

ドラマ見ていく、劇的な展開だから

Dramatic changes are taking place.
劇的な変化が起こりつつある。

564 inherit

[inhérət] イン**ヘ**リト
動 相続する

印税で買った**ヘリと**車を相続する

Alex **inherited his father's house**.
アレックスは父親の家を相続した。

565 discipline

[dísəplən] ディスィプリン
名 規律

デス死プリンを食べさせられる、**規律**守
らないと

Ben has **enough discipline** to work from home.
ベンには在宅勤務をするのに<u>十分な規律</u>がある。

566 kneel

[ní:l] ニール
動 ひざまずく

彼女はどこ**にいる**？ とひざまずく

Raul **knelt to the ground**.
ラウルは<u>地面にひざまずいた</u>。

567 vacancy

[véikənsi] ヴェイカンスィ
名 空き

米韓の**シー**には**空き**がある

The hotel **has no vacancy** tonight.
そのホテルには<u>今晩空きがない</u>。

568 minority

[mainɔ́rəti] マイ**ノ**リティ
名 少数派

舞を見ながら、**海苔**と**ティー**を飲む人は
少数派

The law protects **ethnic minorities**.
その法律は<u>少数民族を保護している</u>。

569 ritual

[rítʃuəl] リチュアル
名 儀式

りんごチューハイの**ある**所で行う儀式

People **perform rituals** for ancestors here.
人々はここで先祖を祀る<u>儀式を行う</u>。

570 strictly

[stríktli] ストリクトリ
副 厳密に

巣と陸、鳥が厳密に見る

Strictly speaking, he is wrong.
<u>厳密に言うと</u>、彼は間違っている。

571 proceed

[prəsíːd] プロスィード
動 続行する

プロはシードで大会を続行する

You must **proceed with care** to avoid mistakes.
失敗しないように<u>慎重に続行する</u>必要がある。

572 commit

[kəmít] コミト
動 誓約させる

子をミットで捕ると誓約させる

We **are committed to** promoting diversity.
当社は多様性の促進を<u>誓約している</u>。

573 distraction

[distrǽkʃən] ディストラクション
名 気晴らし

This トラックに**しょん**便かけて**気晴ら**しをする

We don't have **time for distractions**.
気晴らしのための時間はない。

574 automobile

[ɔ̀:təməbíːl] オートモビール
名 自動車

王と藻が**生える**自動車

I can **drive an automobile**.
私は自動車を運転できます。

575 recruit

[rikrúːt] リク**ルート**
動 募集する

陸のルートを募集する

We **recruited three part-time workers**.
当社は3名のアルバイトを募集した。

576 impress

[imprés] インプ**レス**
動 感銘を与える

インドのプレス（新聞）は感銘を与える

I **was totally impressed** by his performance.
彼の演技にすっかり感銘を受けた。

イラストをプレイスに置いて、場面を想像しよう。

□□□ 564

□□□ 565

□□□ 563

❸

❹

□□□ 562

❷

❺

□□□ 561

❶

❶⑤

部屋

各プレイス（❶〜⑯）
の名称は
p.341を参照。

⑯

□□□ 576

□□□ 575

□□□ 574

⑭

Words

561 potential 可能性	**562** simultaneous 同時の	**563** dramatic 劇的な
567 vacancy 空き	**568** minority 少数派	**569** ritual 儀式
573 distraction 気晴らし	**574** automobile 自動車	**575** recruit 募集する

564 inherit 相続する   565 discipline 規律   566 kneel ひざまずく
570 strictly 厳密に   571 proceed 続行する   572 commit 誓約させる
576 impress 感銘を与える

577 chase

[tʃéis] **チェイス**
動 **追う**

チェーンで縛った**椅子**を追う

The police **chased the car** down the street.
警察は、通りを走って<u>その車を追いかけた</u>。

578 attitude

[ǽtətjùːd] **アティテュード**
名 **態度**

当てちゃうぞ！ そんな**態度**だと

Min has **a good attitude** to his job.
ミンは仕事に対して<u>良い態度</u>をとっている。

579 distance

[dístəns] **ディスタンス**
名 **距離**

2m

××ディスタンスとは互いに**距離**をとること

What is **the distance to the hotel**?
<u>ホテルへの距離</u>はどのくらいですか。

580 extensive

[iksténsiv] **イクステンスィヴ**
形 **広範な**

エキスを**10**飲んだら、**渋**いだけではなく**広範**な味になる

The storm caused **extensive damage** to the village.
その暴風雨は、村に<u>広範な損害</u>を与えた。

581 expire

[ikspáiər] イクスパイア
動 満了する

エキス酸っ**ぱいや～**、とそこで満了する

The rental contract **expires next month**.
賃貸契約は来月満了する。

582 scholar

[skálər] スカラ
名 学者

酢を**から**の容器に入れる学者

He is one of **the leading scholars** on ecology.
彼は生態学に関する代表的な学者の一人である。

583 academic

[ækədémik] アカデミク
形 学問の

アカでミックスジュースを作る学問の面
白さ

She lacks **a good academic background**.
彼女は良い学歴がない。

584 accuse

[əkjúːz] アキューズ
動 非難する

悪友ズを非難する

Nick **accused** Sam **of telling a lie**.
ニックはサムが嘘を言っていると非難した。

247

585 designate

[dézignèit] デズィグネイト
動 指名する

デザインが**グ**ッドな**ニート**を指名する

We **designated a new manager**.
当社は新しいマネージャーを指名した。

---

586 mess

[més] メス
名 混乱

メスだけが混乱

They managed to **clean up the mess**.
彼らはなんとか混乱を収拾した。

---

587 guarantee

[gærəntíː] ギャランティー
動 保証する

ギャラと**ティー**を保証する

We don't **guarantee the accuracy** of this data.
当社は本データの正確性を保証しない。

---

588 browse

[bráuz] ブラウズ
動 ざっと見る

ブラウスをざっと見る

I love to **browse the shelves** in the store.
私は店の棚をざっと見るのが好きだ。

589 ☐☐☐ **appoint**

[əpɔ́int] ア**ポイント**
動 **指名する**

アポをとる**ポイント**は**指名する**ことだよ

Armand **was appointed chairperson**.
アルマンは議長に指名された。

590 ☐☐☐ **discount**

[dískaunt] **ディ**スカウント
名 **割引**

Thisは**カウント**しないので**割引**になります

I'll **give a discount** if you buy two.
2つ購入いただければ割引いたします。

591 ☐☐☐ **integrate**

[íntəgrèit] **イ**ンテグレイト
動 **統合する**

インテリは**グレード**の高いクラスに**統合する**

We **integrated this system** into our existing software.
当社は既存ソフトウェアに本システムを統合した。

592 ☐☐☐ **motivate**

[móutəvèit] **モ**ウティヴェイト
動 **刺激を与える**

餅べ～トベトなので**刺激を与える**

I was just trying to **motivate him.**
私は彼に刺激を与えようとしただけなんだ。

校庭

各プレイス（❶〜⓰）
の名称はp.341を参照。

Words

577 chase 追う	**578** attitude 態度	**579** distance 距離
583 academic 学問の	**584** accuse 非難する	**585** designate 指名する
589 appoint 指名する	**590** discount 割引	**591** integrate 統合する

□□□ 581

□□□ 582

□□□ 583

□□□ 584

□□□ 585

□□□ 586

□□□ 587

□□□ 588

580 extensive 広範な

581 expire 満了する

582 scholar 学者

586 mess 混乱

587 guarantee 保証する

588 browse ざっと見る

592 motivate 刺激を与える

593 polish

[páliʃ] パリシュ
動 磨く

ポリスと**一緒**に**磨く**

Bing spent days **polishing his resume**.
ビングは何日もかけて履歴書を磨いた。

594 confirm

[kənfə́ːrm] コンファーム
動 確認する

コーンの**ファーム**の場所を**確認する**

Russel called to **confirm his reservation**.
ラッセルは予約を確認するために電話した。

595 amazing

[əméiziŋ] アメイズィング
形 驚くべき

驚くべきアメ細工

I saw **an amazing television show**.
私は驚くべきテレビ番組を見た。

596 objective

[əbdʒéktiv] オブ**ヂェ**クティヴ
名 目的

オブジェの**くちび**るが**目的**

We **met all these objectives**.
私たちはこれらの目的をすべて達成した。

597 reimburse

[rìːimbə́ːrs] リーイムバース
動 **払い戻す**

レインが**バー**っと**ス**タジアムに降ってきたのでチケットを**払い戻す**

We will **reimburse your hotel expenses**.
当社はあなたのホテル代を払い戻します。

598 expand

[ikspǽnd] イクスパンド
動 **拡張する**

エキスを**パン**にかけて味を**拡張する**

They gradually **expanded their business**.
彼らは徐々に事業を拡張した。

599 contemporary

[kəntémpərèri] コン**テ**ンポレリ
形 **同時代の**

コンビが**テンポ**よく**ラリー**できるのは、**同時代の**選手だから

I like reading books by **contemporary authors**.
私は同時代の作家の本を読むのが好きだ。

600 significance

[signífikəns] スィグ**ニ**フィカンス
名 **意義**

「**すぐに拭かんです**」と言うのは**意義**がわかってないから

What is **the significance of this plan**?
この計画の意義は何ですか。

601 diagnosis

[dàiəgnóusəs] ダイアグノウスィス
名 診断

ダイヤで脳死す！ と診断

X-rays cannot always give **a definitive diagnosis**.
X線では必ずしも確定診断ができない。

602 heritage

[hérətidʒ] ヘリティヂ
名 遺産

ヘリと**T字**カミソリが遺産

Kyoto boasts of **a rich cultural heritage**.
京都は豊かな文化的遺産を誇っている。

603 summarize

[sÁməràiz] **サ**マライズ
動 要約する

サマーに**ライス**食べたことを要約する

The table below **summarizes the survey results**.
以下の表が調査結果を要約している。

604 feasible

[fíːzəbl] フィーズィブル
形 実現可能な

膝にブルドッグをのせるのは実現可能な

Ted came up with **a feasible solution**.
テッドは、実現可能な解決策を思いついた。

605 resign

［rizáin］リ**ザ**イン
🔲 **動** 辞任する

リスが**サイン**して辞任する

Dave **resigned the post** yesterday.
昨日、デイブは役職を辞任した。

606 headquarters

［hédkwɔ̀:rtərz］ヘ**ド**クウォータズ
🔲 **名** 本部

屁を温**度9**度の**ウォーター**に溶かし、本部に持っていく

Noam was transferred to **the company headquarters**.
ノアムは会社の本部に異動した。

607 compile

昆布1　昆布について
昆布2
昆布3

［kəmpáil］コン**パ**イル
🔲 **動** 編集する

昆布の**ファイル**を編集する

Cisco **compiled his notes** into a report.
シスコはメモを編集してレポートにした。

608 mutual

［mjú:tʃuəl］**ミュ**ーチュアル
🔲 **形** 相互の

夢中で**ある**のは相互の関係にプラス

There will be **mutual benefits** to sharing a booth.
ブースの共有は、相互のメリットがある。

255

場所法で **覚える**　　イラストをプレイスに置いて、場面を想像しよう。

□□□ 595

□□□ 596

□□□ 597

TICKET

❸

❺

□□□ 594

❷

❹

□□□ 593

❶

教室

各プレイス（❶〜⓰）
の名称は
p.341を参照。

⓰

⓯

⓮

□□□ 608

□□□ 607

□□□ 606

昆布1
昆布2
昆布3
昆布について

Words

593 polish 磨く
599 contemporary 同時代の
605 resign 辞任する

594 confirm 確認する
600 significance 意義
606 headquarters 本部

595 amazing 驚くべき
601 diagnosis 診断
607 compile 編集する

□□□ 598

□□□ 599

□□□ 600

□□□ 601

□□□ 602

□□□ 603

□□□ 604

□□□ 605

596 objective 目的 597 reimburse 払い戻す 598 expand 拡張する
602 heritage 遺産 603 summarize 要約する 604 feasible 実現可能な
608 mutual 相互の

609 access

[ǽkses] アクセス
名 接近

アクセサリーに接近

There was no sign of **unauthorized access** to the lab.
研究所への<u>無許可の接近</u>の証拠はなかった。

610 acknowledge

[əknɑ́lidʒ] アクナリヂ
動 認める

あく
悪な理事であることを**認める**

She **acknowledged her fault**.
彼女は<u>自分の誤りを認めた</u>。

611 extraordinary

[ikstrɔ́:rdənèri] イクスト**ロ**ーディネリ
形 並外れた

エキストラの**オーディオ**が**鳴り**、並外れた音量が聞こえた

Larbi made **extraordinary improvement**.
ラルビは<u>並外れた進歩</u>を遂げた。

612 reject

[ridʒékt] リ**ヂ**ェクト
動 却下する

離陸直前に**ジェット**機へ乗るのを**却下する**

Why did they **reject her application**?
なぜ彼らは<u>彼女の申請を却下した</u>のですか。

613 currently

[kə́:rəntli] カーレントリ
副 現在

いまでしょ！

現在、**カレー**を**鳥**が食べている

I **am currently learning** German online.
私は現在、オンラインでドイツ語を学んでいる。

614 afford

[əfɔ́:rd] アフォード
動 余裕がある

あっ

あっ！ **フォード**の車買うほど**余裕がある**んだ

I **cannot afford a new car** now.
私は今、新車を買う余裕がない。

615 arrange

[əréindʒ] アレインヂ
動 整える

オレンジの形を**整える**

Usain **arranged the chairs** for the meeting.
ウサインは会議のために椅子を整えた。

616 finance

[fənǽns] ファイナンス
名 財務

ハイ、ナースの私は夫に**財務**を任せる

Rosa works in **the finance department**.
ローザは財務部門で働いている。

617 apology

[əpάlədʒi] アパロヂ
名 謝罪

アポロに**爺**が**謝罪**をする

I must **make an apology** to him.
彼に謝罪をしなければいけない。

618 conquer

[kάŋkər] カンカ
動 征服する、克服する

缶の**杭**を打って**征服する**

You must **conquer your fears**!
君は、恐怖心を克服しなければならない。

619 leak

[líːk] リーク
動 漏らす

陸が水を**漏らす**

Someone **leaked secret information** to the media.
誰かがメディアに秘密の情報を漏らした。

620 associate

[əsóuʃièit] アソウシエイト
動 関連づける

阿蘇で**しようと**名物に**関連づける**

Your account **is associated with a phone number**.
あなたの口座は電話番号と関連づけられている。

621 likewise

[láikwàiz] ライクワイズ
副 同様に

ライオンが**イク**ラと**ワイン**を**同様に**飲んだ

Mila agreed, so Dillon **did likewise**.
ミラが同意したので、ディロンも同様にした。

622 diplomacy

[diplóuməsi] ディプ**ロ**ウマスィ
名 外交

ディープな**ロマンス**が**外交**ではよくある

The politician has little **experience in diplomacy**.
その政治家は外交の経験がほとんどない。

623 commodity

[kəmúdəti] コ**マ**ディティ
名 商品

子も出て商品を買いに行く

We offer **a full line of commodities**.
私たちは、充実した商品を提供している。

624 owe

[óu] オウ
動 借りている

王を借りている

Ann **owes $15** for the taxi fare.
アンは、タクシー代として15ドル借りている。

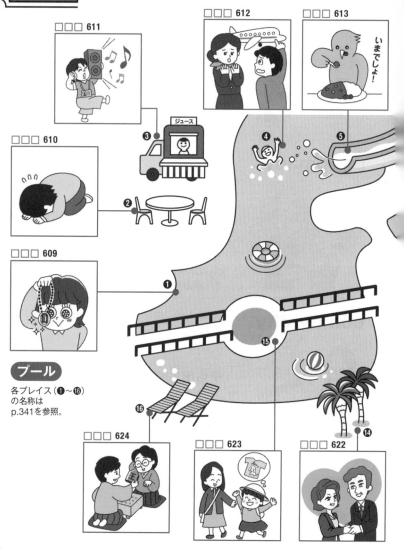

□□□ 611

□□□ 612

□□□ 613
いまでしょ！

ジュース
❸

❹

❺

□□□ 610
❷

□□□ 609
❶

プール

各プレイス（❶〜⓰）
の名称は
p.341を参照。

⓯

⓰

⓮

□□□ 624

□□□ 623

□□□ 622

Words

609 access 接近
610 acknowledge 認める
611 extraordinary 並外れた
615 arrange 整える
616 finance 財務
617 apology 謝罪
621 likewise 同様に
622 diplomacy 外交
623 commodity 商品

612 reject 却下する　　　613 currently 現在　　　614 afford 余裕がある
618 conquer 征服する、克服する　619 leak 漏らす　620 associate 関連づける
624 owe 借りている

月　日　月　日　月　日　　復習はp.274で　　263

625 firm

[fə́ːrm] ファーム
形 硬い

ファームの土は**硬い**

The bottle is made of **firm plastic**.
その瓶は、硬いプラスチックでできている。

626 reduce

[ridʲúːs] リデュース
動 減らす

りんご**ジュース**を**減らす**

The new bridge **reduced traffic** on this street.
新しい橋は、この通りの交通量を減らした。

627 destination

[dèstənéiʃən] デスティネイション
名 目的地

目的地を**ディス**って**寝しょん**便をする

It took 10 minutes to **reach our destination**.
目的地に到着するのに10分かかった。

628 resolve

[rizálv] リザルヴ
動 解決する

理想の**ルーブ**ル美術館を作って**解決する**

We have already **resolved the dispute**.
私たちはすでにその論争を解決した。

629 originate

［ərídʒənèit］オリヂネイト

動 **始まる**

オリジナルの**納豆**で朝が**始まる**

Solar energy production **originated in France**.
太陽光発電は<u>フランスで始まった</u>。

630 awkward

［ɔ́:kwərd］**オー**クワド

形 **ぎこちない**

多くの**ワード**が**ぎこちない字**で書かれている

He did **an awkward dance**.
彼は<u>ぎこちないダンス</u>をした。

631 mandatory

［mǽndətɔ̀:ri］マンダトーリ

形 **義務的な**

マンダリンオレンジを**鳥**に与える様子が**義務的な**感じ

There is **a mandatory safety drill** on Monday.
月曜日に<u>義務的な防災訓練</u>がある。

632 adjacent

［ədʒéisənt］ア**ヂェ**イセント

形 **近接した**

「あ、ジェイソン」と**近接した**距離で

The bank is **adjacent to the library**.
その銀行は<u>図書館に近接して</u>いる。

633 fluctuate

[flʌ́ktʃuèit] フラクチュエイト
動 変動する

フラダンスの**靴**、**ええ**のは**と**んでもなく値段が**変動する**

Market values **fluctuate every minute**.
市場の価値は<u>刻々と変動する</u>。

634 genius

[dʒíːnjəs] ヂーニャス
名 天才

寺院に明日、**天才**になれるよう祈る

Einstein's **genius in math** is unquestioned.
<u>アインシュタインの数学の天才性</u>は疑う余地もない。

635 predict

[pridíkt] プリディクト
動 予測する

プリンは**でか**いと**予測する**

This system **predicts weather** accurately.
このシステムは正確に<u>天気を予測する</u>。

636 streamline

[stríːmlàin] スト**リ**ームライン
動 合理化する

ストー**リ**ーに**無**理に**ライン**を引いて**合理化する**

We need to **streamline the order process**.
私たちは<u>注文プロセスを合理化する</u>必要がある。

637 underlying

[ˌʌndərláiiŋ] アンダ**ライイング**
形 **根本的な**

根本的な案を**ダライ**・ラマが**インク**で書く

You must find **the underlying problem** soon.
根本的な問題をすぐに見つけなければならない。

638 constitute

[kánstətjùːt] **カ**ンスティテュート
動 **構成する**

コーンを**捨てちゃった**材料でメニューを**構成する**

Three divisions **constitute this center**.
3つの部門が本センターを構成する。

639 initiative

[iníʃətiv] イ**ニ**シャティヴ
名 **構想**

イニシャルから**たぶ**ん彼女なので、デートの**構想**を練る

The city has **a new initiative** to reduce crime.
市は、犯罪を減らすための新しい構想をもっている。

640 accumulate

遅刻者

[əkjúːmjəlèit] ア**キュー**ミュレイト
動 **蓄積する**

あっ、**急務**なのに**レイト**（遅刻）が**蓄積する**

He **accumulated experience** in this industry.
彼はこの業界で経験を蓄積した。

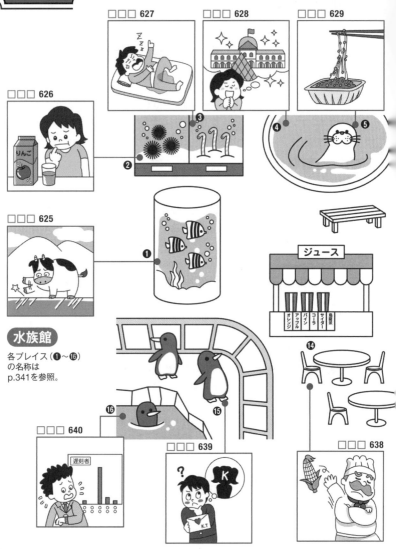

Words

625 firm 硬い	**626** reduce 減らす	**627** destination 目的地
631 mandatory 義務的な	**632** adjacent 近接した	**633** fluctuate 変動する
637 underlying 根本的な	**638** constitute 構成する	**639** initiative 構想

□□□ 630

□□□ 631

□□□ 632

□□□ 633

¥100,000

売店

□□□ 634

□□□ 635

□□□ 637

□□□ 636

628 resolve 解決する
634 genius 天才
640 accumulate 蓄積する

629 originate 始まる
635 predict 予測する

630 awkward ぎこちない
636 streamline 合理化する

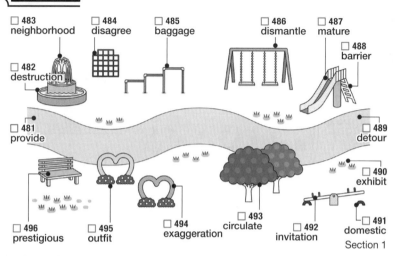

□ 483 neighborhood
□ 484 disagree
□ 485 baggage
□ 486 dismantle
□ 487 mature
□ 488 barrier
□ 482 destruction
□ 481 provide
□ 489 detour
□ 490 exhibit
□ 496 prestigious
□ 495 outfit
□ 494 exaggeration
□ 493 circulate
□ 492 invitation
□ 491 domestic

Section 1

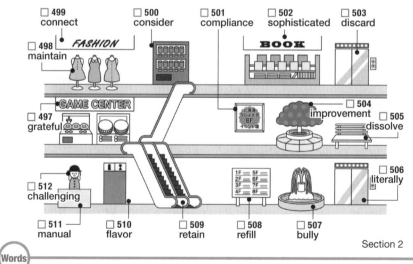

□ 499 connect
□ 500 consider
□ 501 compliance
□ 502 sophisticated
□ 503 discard
□ 498 maintain   *FASHION*
□ 497 grateful   GAME CENTER
□ 504 improvement
□ 505 dissolve
□ 512 challenging
□ 506 literally
□ 511 manual
□ 510 flavor
□ 509 retain
□ 508 refill
□ 507 bully

Section 2

Words

481 提供する	482 破壊	483 近所	484 反対する	485 手荷物	486 分解する
487 成熟した	488 障壁	489 迂回する	490 展示する	491 家庭の	492 招待
493 流通する	494 誇張	495 衣装	496 名声のある	497 感謝して	498 維持する
499 接続する	500 考慮する	501 遵守	502 洗練された	503 捨てる	504 改良
505 溶ける	506 文字通り	507 いじめる	508 詰め替える	509 保持する	510 味
511 手動の	512 やりがいのある				

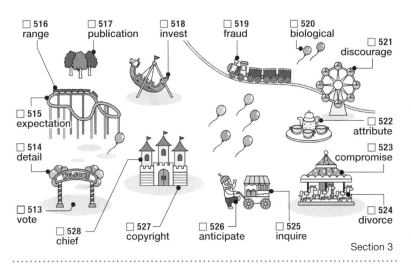

□ 516 range
□ 517 publication
□ 518 invest
□ 519 fraud
□ 520 biological
□ 521 discourage
□ 515 expectation
□ 522 attribute
□ 514 detail
□ 523 compromise
□ 513 vote
□ 528 chief
□ 527 copyright
□ 526 anticipate
□ 525 inquire
□ 524 divorce

Section 3

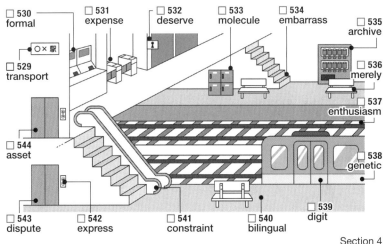

□ 530 formal
□ 531 expense
□ 532 deserve
□ 533 molecule
□ 534 embarrass
□ 535 archive
□ 529 transport
○× 駅
□ 536 merely
□ 537 enthusiasm
□ 544 asset
□ 538 genetic
□ 543 dispute
□ 542 express
□ 541 constraint
□ 540 bilingual
□ 539 digit

Section 4

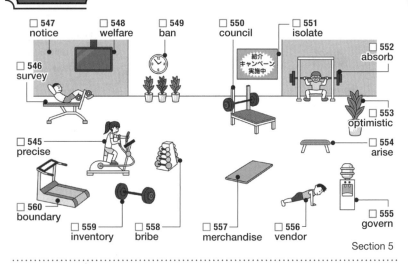

□ 547 notice
□ 548 welfare
□ 549 ban
□ 550 council
□ 551 isolate
□ 552 absorb
□ 546 survey
□ 553 optimistic
□ 545 precise
□ 554 arise
□ 560 boundary
□ 555 govern
□ 559 inventory
□ 558 bribe
□ 557 merchandise
□ 556 vendor

紹介キャンペーン実施中

Section 5

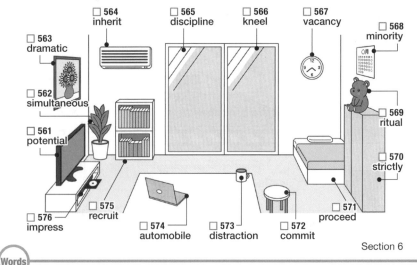

□ 564 inherit
□ 565 discipline
□ 566 kneel
□ 567 vacancy
□ 568 minority
□ 563 dramatic
○月
□ 562 simultaneous
□ 569 ritual
□ 561 potential
□ 570 strictly
□ 576 impress
□ 575 recruit
□ 574 automobile
□ 573 distraction
□ 572 commit
□ 571 proceed

Section 6

Words

545 正確な	546 調査	547 通知	548 福祉	549 禁止する	550 評議会
551 隔離する	552 吸収する	553 楽観的な	554 生じる	555 統治する	556 売り手
557 商品	558 賄賂	559 在庫	560 限界		
561 可能性	562 同時の	563 劇的な	564 相続する	565 規律	566 ひざまずく
567 空き	568 少数派	569 儀式	570 厳密に	571 続行する	572 誓約させる
573 気晴らし	574 自動車	575 募集する	576 感銘を与える		

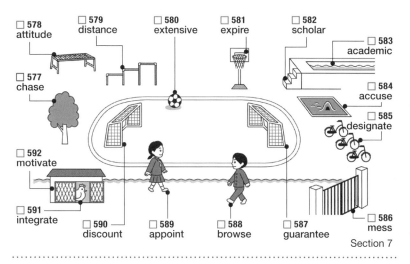

□ 578 attitude
□ 579 distance
□ 580 extensive
□ 581 expire
□ 582 scholar
□ 583 academic
□ 577 chase
□ 584 accuse
□ 585 designate
□ 592 motivate
□ 591 integrate
□ 590 discount
□ 589 appoint
□ 588 browse
□ 587 guarantee
□ 586 mess

Section 7

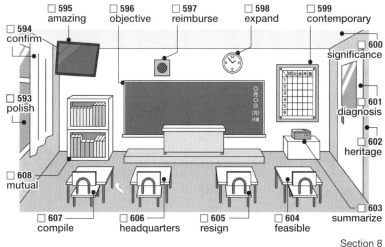

□ 595 amazing
□ 596 objective
□ 597 reimburse
□ 598 expand
□ 599 contemporary
□ 594 confirm
□ 600 significance
□ 593 polish
□ 601 diagnosis
□ 602 heritage
□ 608 mutual
□ 607 compile
□ 606 headquarters
□ 605 resign
□ 604 feasible
□ 603 summarize

Section 8

577 追う	578 態度	579 距離	580 広範な	581 満了する	582 学者
583 学問の	584 非難する	585 指名する	586 混乱	587 保証する	588 ざっと見る
589 指名する	590 割引	591 統合する	592 刺激を与える		
593 磨く	594 確認する	595 驚くべき	596 目的	597 払い戻す	598 拡張する
599 同時代の	600 意義	601 診断	602 遺産	603 要約する	604 実現可能な
605 辞任する	606 本部	607 編集する	608 相互の		

場所法で
復習する

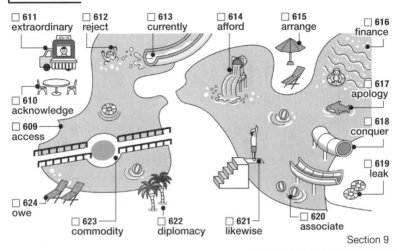

- ☐ **611** extraordinary
- ☐ **612** reject
- ☐ **613** currently
- ☐ **614** afford
- ☐ **615** arrange
- ☐ **616** finance
- ☐ **617** apology
- ☐ **610** acknowledge
- ☐ **609** access
- ☐ **618** conquer
- ☐ **619** leak
- ☐ **624** owe
- ☐ **623** commodity
- ☐ **622** diplomacy
- ☐ **621** likewise
- ☐ **620** associate

Section 9

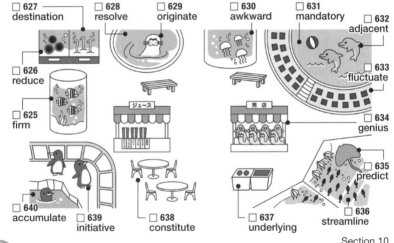

- ☐ **627** destination
- ☐ **628** resolve
- ☐ **629** originate
- ☐ **630** awkward
- ☐ **631** mandatory
- ☐ **632** adjacent
- ☐ **626** reduce
- ☐ **633** fluctuate
- ☐ **625** firm
- ☐ **634** genius
- ☐ **635** predict
- ☐ **640** accumulate
- ☐ **639** initiative
- ☐ **638** constitute
- ☐ **637** underlying
- ☐ **636** streamline

Section 10

(Words)

609 接近	610 認める	611 並外れた	612 却下する	613 現在	614 余裕がある
615 整える	616 財務	617 謝罪	618 征服する	619 漏らす	620 関連づける
621 同様に	622 外交	623 商品	624 借りている		
625 硬い	626 減らす	627 目的地	628 解決する	629 始まる	630 ぎこちない
631 義務的な	632 近接した	633 変動する	634 天才	635 予測する	636 合理化する
637 根本的な	638 構成する	639 構想	640 蓄積する		

Part 5

見出し語
641～800

Sales surged over the holiday weekend.

641 measure

[méʒər] メジャ
名 手段

メジャーという**手段**で測る

We should take **a drastic measure**.
私たちは<u>抜本的な手段</u>を取るべきだ。

642 reward

[riwɔ́:rd] リ**ウォ**ード
名 報酬

「**り**」を**ワード**で書いて**報酬**をもらう

Kyle **received a big reward**.
カイルは<u>多額の報酬を受け取った</u>。

643 repair

[ripéər] リ**ペア**
名 修理

リングの**ペア**を**修理**

This branch is now closed **for repairs**.
本支店は現在、<u>修理のために</u>閉鎖している。

644 cease

[síːs] ス**ィ**ース
動 やめる

「**シ**ーッ」**す**れば、それは**やめる**合図

He never **ceased talking** about his family.
彼は<u>家族の話をやめ</u>なかった。

645
☐☐☐

endeavor

[indévər] インデヴァ
動 努力する

円でバーを作ろうと**努力する**

We **endeavor to provide** outstanding service.
私たちは、優れたサービスを提供するよう努力している。

646
☐☐☐

tremendous

[triméndəs] トリメンダス
形 ものすごい

とり乱すのは**ものすごい**分量だから

Ana made **tremendous progress**.
アナはものすごい進歩を遂げた。

647
☐☐☐

postpone

[poustpóun] ポウストボウン
動 延期する

ポストに**本**を入れるのを**延期する**

We **postponed the event** due to the weather.
私たちは天候の影響でイベントを延期した。

648
☐☐☐

transfer

[trænsfə́:r] トランスファー
動 移す

トランクス**にファー**を**移す**

He **transferred the right** to a third party.
彼は第三者にその権利を移した。

277

649 factor

[fǽktər] **ファ**クタ
名 **要素、要因**

ファクトは〜、重要な要素

Alcohol is **a major factor** in traffic accidents.
アルコールは交通事故の<u>主要因</u>である。

650 segment

[séɡmənt] **セ**グメント
名 **区分**

セグウェイとお面とを区分

Generation Z is **the largest population segment** worldwide.
Z世代は世界<u>最大の人口区分</u>である。

651 frequently

[fríːkwəntli] フ**リー**クウェントリ
副 **頻繁に**

フリーに苦もなくエントリーできるので、頻繁に申し込む

This elevator **frequently breaks down**.
このエレベーターは<u>頻繁に故障する</u>。

652 allocate

[ǽləkèit] **ア**ロケイト
動 **割り当てる**

アロー（弓）と毛糸をそれぞれ割り当てる

We **allocated a budget** for the project.
私たちはそのプロジェクトに<u>予算を割り当てた</u>。

653 dismiss

[dismís] ディスミス
動 解散する

This ミスのせいでチームが**解散する**

The teacher **dismissed the class** earlier.
先生は早目に<u>クラスを解散した</u>。

654 deliberate

[dilíbərət] ディリバレト
形 慎重な

デリバリーは**冷凍**なので、**慎重な**配達を心がける

You should take **deliberate action**.
君は<u>慎重な行動</u>を取るべきだ。

655 deal

[díːl] ディール
名 取引

玉**出～る**、交換所で**取引**をする

The companies quickly **agreed on the deal**.
両社はすぐに<u>取引に合意した</u>。

656 stakeholder

[stéikhòuldər] ステイクホウルダ
名 利害関係者

「**ステーキ**を**放るのだ～**」と言うのは利害関係者

We sent a notice to **our major stakeholders**.
私たちは、<u>主要な利害関係者</u>に通知を送った。

□□□ 644
□□□ 645
□□□ 643
□□□ 642
□□□ 641

公園

各プレイス（❶～⓰）
の名称は
p.341を参照。

□□□ 656
□□□ 655
□□□ 654

Words

641 measure 手段 　　　642 reward 報酬 　　　643 repair 修理
647 postpone 延期する 　648 transfer 移す 　　649 factor 要素、要因
653 dismiss 解散する 　　654 deliberate 慎重な 　655 deal 取引

656   800

644 cease やめる
645 endeavor 努力する
646 tremendous ものすごい
650 segment 区分
651 frequently 頻繁に
652 allocate 割り当てる
656 stakeholder 利害関係者

PART 1
PART 2
PART 3
PART 4
PART 5

646   647   648   649   650   651   652   653

カチ
カチ カチ

月 日　月 日　月 日　　復習はp.336で　281

657 launch

[lɔ́:ntʃ] ローンチ
動 **開始する**

ローン中でも**ラ**ン**チ**会を**開始する**

We are excited to **launch this project**.
このプロジェクトを開始することを楽しみにしている。

658 promote

[prəmóut] プロ**モ**ウト
動 **促進する**

プロが**モード**な服着て売上を**促進する**

The retail team aggressively **promoted sales**.
小売チームは積極的に販売を促進した。

659 extend

[iksténd] イクス**テ**ンド
動 **延長する**

エキス**でテント**が**延長する**

The manager **extended the deadline** by two days.
マネージャーは期限を2日延長した。

660 grant

[grǽnt] グ**ラ**ント
動 **与える**

グラムで**アント**（蟻）を**与える**

He **has been granted sick leave** with full pay.
彼には全額支給の疾病休暇が与えられている。

661 budget

[bʌ́dʒət] バヂェト
名 **予算**

馬ジェットを作る**予算**

The sales department has **a large budget**.
営業部門には<u>多額の予算</u>がある。

662 questionnaire

[kwèstʃənéər] クウェスチョ**ネ**ア
名 **アンケート**

クエスチョンが**ねえ**アンケート

Would you complete **a short questionnaire**?
<u>短いアンケート</u>に答えていただけますか。

663 income

[ínkʌm] **イン**カム
名 **収入**

インクと**ガム**を売って**収入**を得る

They **earn an extra income** as baby-sitters.
彼らはベビーシッターとして<u>副収入</u>を稼いでいる。

664 instinct

[ínstiŋkt] **イン**スティンクト
名 **本能**

インスタに**10**の**靴**をのせるのは**本能**

I am gifted with **survival instincts**.
私には<u>生存本能</u>が備わっている。

665 absolute

[ǽbsəlùːt] アブソルート
形 **絶対的な**

アブと**ソルト**（塩）は絶対的な関係

Owen has **absolute power** over hiring.
オーウェンは人事採用の<u>絶対的な権限</u>を握っている。

666 assert

[əsə́ːrt] アサート
動 **主張する**

あさ〜って
「**明後日**です」と主張する

Muriel **asserted her right** to take a break.
ムリエルは休憩を取る<u>権利を主張した</u>。

667 landmark

[lǽndmàːrk] ランドマーク
名 **目印**

○○**ランド**に**マーク**を付けて**目印**にする

We put up a flag **as a landmark**.
私たちは<u>目印として</u>旗を立てた。

668 fluent

[flúːənt] フルーエント
形 **流ちょうな**

震えんほ**ど**流ちょうな日本語を話す

Damian **is fluent in French**.
ダミアンは<u>フランス語が流ちょうである</u>。

669
enterprise

[éntərpràiz] エンタプライズ
名 事業

煙突からサ**プライズ**する事業

His latest **enterprise** has been quite successful.
彼の最近の事業はかなり成功している。

670
commute

[kəmjúːt] コミュート
動 通勤する

5メートル先の職場に**通勤する**

Hedwig **commutes a long distance** by bike.
ヘドウィグは自転車で長距離通勤している。

671
discrimination

[diskrìmənéiʃən] ディスクリミネイション
名 差別

This、**クリーミ**ーで**ね〜しょ**、とクリームを**差別**

She **experienced discrimination** for being Japanese.
彼女は日本人であることで差別を経験した。

672
framework

[fréimwə̀ːrk] フレイムワーク
名 枠組み

フレーム運ぶ**ワーク**の**枠組み**を説明する

Our analysis is based on **a simple framework**.
私たちの分析は、単純な枠組みに基づいている。

□□□ 659

□□□ 660

□□□ 658

❸ *FASHION*

❹

□□□ 657

❷

❶ **GAME CENTER**

モール

各プレイス（❶〜⓰）
の名称は
p.341を参照。

⓰

□□□ 672

⓯

⓮

⓭

□□□ 671

クリーミー
でね〜

□□□ 670

〇〇会社

行って
らっしゃい

おはよう
ございます。

←5m

□□□ 669

Words

657 launch 開始する

658 promote 促進する

659 extend 延長する

663 income 収入

664 instinct 本能

665 absolute 絶対的な

669 enterprise 事業

670 commute 通勤する

671 discrimination 差別

286　Section 2

PART 1

PART 2

PART 3

PART 4

PART 5

□□□ 661

□□□ 662

□□□ 663

BOOK

北海道
グルメ大会
8F
イベント場

□□□ 664

□□□ 665

しお

1F ═ 5F ═
2F ═ 6F ═
3F ═ 7F ═
4F ═ 8F ═

□□□ 666

○月

明後日!!

□□□ 668

ペラペラペラペラペラペラペラペラペラ
ペラペラペラペラペラペラペラペラ

□□□ 667

660 grant 与える
666 assert 主張する
672 framework 枠組み

661 budget 予算
667 landmark 目印

662 questionnaire アンケート
668 fluent 流ちょうな

673 background

[bǽkgràund] バクグラウンド
名 **背景**

バックを**グランド**にした**背景**

In the background stands Mt. Everest.
背景には<u>エベレストがそびえ立つ。</u>

674 remove

[rimúːv] リムーヴ
動 **除去する**

リムジンの前で**産**毛を**除去する**

Volunteers **removed garbage** from the ocean.
ボランティアが海の<u>ゴミを除去した。</u>

675 decline

[dikláin] ディクライン
動 **下降する**

根が**暗いん**です、すぐに気分が**下降する**

Sales declined last year.
昨年、<u>売り上げが下降した。</u>

676 grasp

[grǽsp] グラスプ
動 **つかむ**

グラグラの**スープ**を**つかむ**

Yanni **grasped the child's arm.**
ヤンニは<u>その子の腕をつかんだ。</u>

677
ridiculous

[ridíkjələs] リディキュラス
形 ばかげた

理事が**コーラス**をするのは**ばかげた**ことだ

These new uniforms **look ridiculous**.
この新しい制服はばかげて見える。

678
capable

[kéipəbl] ケイパブル
形 有能な

有能なゲイのいる**パブ**が**ある**

We are urgently looking for **a capable secretary**.
当社は有能な秘書を急募している。

679
crucial

[krú:ʃəl] クルーシャル
形 重大な

苦労し合う、重大なことで

A crucial event happened yesterday.
昨日、重大な出来事が起こった。

680
investigate

[invéstəgèit] インヴェスティゲイト
動 調査する

インド人が**ベス**ト着て**ゲート**を調査する

Police **are investigating the accident**.
警察が事故を調査している。

681 tragic

[trǽdʒik] ト**ラ**ヂク
形 悲劇的な

トラが**軸**に乗るなんて、悲劇的な

The fire was **a tragic loss** to the country.
その火災は国にとって<u>悲劇的な損失</u>だった。

682 agent

[éidʒənt] **エ**イヂェント
名 代理人

「**えーじゃん**！」と優秀な**代理人**に声を
かける

We **hired an agent** to sell our house.
私たちは自宅を売却するたに<u>代理人を雇った</u>。

683 fatal

[féitl] **フェ**イトル
形 致命的な

不平取ることをしないのは、会社に**致命
的なこと**

Your injury may hurt, but it is not **a fatal one**.
あなたのけがは痛くても、<u>致命的なもの</u>ではない。

684 unanimous

[juːnǽnəməs] ユー**ナ**ニマス
形 全員一致の

うなぎ増すことが**全員一致**の意見

The team made **a unanimous decision**
to go home early.
チームは早く帰るという<u>全員一致の決定</u>をした。

685 diversity

[dəvə́ːrsəti] ディ**ヴァー**スィティ

名 **多様性**

ダイバーが集まる**シティー**には**多様性**がある

The center helps preserve **biological diversity**.
そのセンターは、生物多様性の保持に貢献している。

686 penetrate

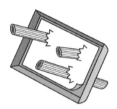

[pénətrèit] ペネトレイト

動 **貫く**

ペンネで**トレイと**紙を貫く

The arrow **penetrated his armor**.
矢が彼のよろいを貫いた。

687 entrepreneur

[ὰːntrəprəná:r] アーントレプレ**ナー**

名 **起業家**

「**あん取れ**! プ**レ**ーンがいい**な~**」と起業家が言う

She **became an entrepreneur** by starting her own business.
彼女は自分のビジネスを始めて起業家になった。

688 irritate

[írətèit] イリテイト

動 **いらだたせる**

炒りて~と言ったのに、卵の扱いが雑でいらだたせる

Mia **was irritated by the traffic jam**.
ミアは交通渋滞にいらだっていた。

場所法で **覚える**

イラストをプレイスに置いて、場面を想像しよう。

□□□ 676

□□□ 677

□□□ 678

□□□ 675

□□□ 674

□□□ 673

遊園地

各プレイス（❶～⓰）
の名称はp.341を参照。

□□□ 688

□□□ 687

 Words

673 background 背景	**674** remove 除去する	**675** decline 下降する
679 crucial 重大な	**680** investigate 調査する	**681** tragic 悲劇的な
685 diversity 多様性	**686** penetrate 貫く	**687** entrepreneur 起業家

292 Section 3

676 grasp つかむ
682 agent 代理人
688 irritate いらだたせる

677 ridiculous ばかげた
683 fatal 致命的な

678 capable 有能な
684 unanimous 全員一致の

689 effective

[iféktiv] イフェクティヴ
形 効果的な

エッフェル塔は遠**くても行く**、効果的な飛び方で

That was **an effective solution** to the problem.
それは問題に対する効果的な解決策だった。

690 laboratory

[lǽbərətɔ̀ːri] ラボラトーリ
名 研究所

ラブラブな**鳥**を飼っている**研究所**

You must wear special glasses **in the laboratory**.
研究所内では特殊なメガネをかけなければならない。

691 evil

[íːvəl] イーヴィル
形 邪悪な

海老に**ル**ーをかけるとは**邪悪**な

The evil witch cursed the princess.
邪悪な魔女は姫に呪いをかけた。

692 demonstrate

[démənstrèit] デモンストレイト
動 示す

デモで**ストレート**に示す

She **has demonstrated great leadership qualities**.
彼女は素晴らしいリーダーシップの資質を示した。

693 transmit

[trænsmít] トランスミト

動 伝送する

トランス状態で**ミット**を伝送する

Light can be used to **transmit data**.
光はデータを伝送するために使うことができる。

694 milestone

[máilstòun] マイルストウン

名 節目

1マイル

マイルごとに**ストーン**（石）を置くと節目がわかる

Last year marked **an important milestone** in our history.
昨年は、当社の歴史の中で重要な節目となった。

695 constant

[kánstənt] カンスタント

形 一定の

缶の**スタンド**でしゃべると一定の人気が出た

He drove **at a constant speed**.
彼は一定の速度で運転した。

696 minimum

[mínəməm] ミニマム

形 最小限の

ミニの**マム**シは最小限のヘビだ

Having a bachelor's degree is **the minimum requirement**.
学士号を取得していることが最小限の条件である。

697 sufficient

[səfíʃənt] サフィシェント
形 **十分な**

サーフィンの**支援と**お金は**十分な**

People living there have **sufficient supply of water**.
そこに住む人々には十分な水の供給がある。

698 employ

[implɔ́i] インプロイ
動 **雇用する**

円描く**プロ意**識が高い人を**雇用する**

The restaurant **employs five servers**.
そのレストランは5人の給仕係を雇用している。

699 congestion

[kəndʒéstʃən] コンヂェスチョン
名 **混雑**

混んだ中で**ジェスチャ**ーするとよけい**混雑**

Please purchase advance tickets to **ease congestion**.
混雑を緩和するため、前売券をご購入ください。

700 reinforce

[ri:ənfɔ́:rs] リーインフォース
動 **補強する**

レインの中で**ホース**を**補強する**

Use more tape to **reinforce that box**.
その箱を補強するためにもっとテープを使ってください。

701 retail

[ríːtèil] リーテイル
名 小売り

リスの**テール**（しっぽ）を**小売り**する

The retail industry is extremely competitive.
小売業界は非常に競争が激しい。

702 criterion

[kraitíəriən] クライ**ティ**アリオン
名 基準 （複数形は criteria）

黒い**手にアリお**るん、その**基準**は？

Audrey **meets the criterion** for promotion.
オードリーは昇進の基準を満たしている。

703 famine

[fǽmən] ファミン
名 飢饉

不和で**みん**な**飢饉**になる

African countries still **suffer from famine**.
アフリカ諸国は今でも飢饉に苦しんでいる。

704 cozy

[kóuzi] コウズィ
形 居心地のよい

工事中なのに、なぜか**居心地のよい**

My apartment is small but has **a cozy atmosphere**.
私のアパートは狭いが居心地のよい雰囲気である。

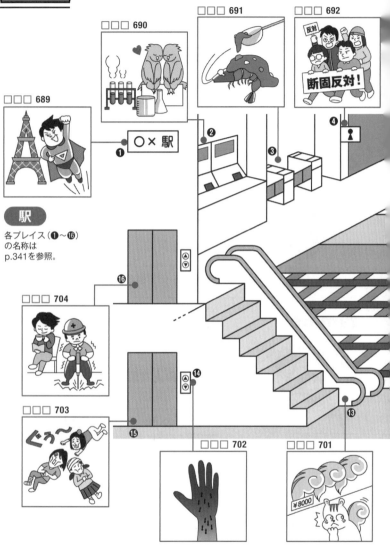

Words

689 effective 効果的な
690 laboratory 研究所
691 evil 邪悪な
695 constant 一定の
696 minimum 最小限の
697 sufficient 十分な
701 retail 小売り
702 criterion 基準
703 famine 飢饉

□□□ 693
□□□ 694
1 マイル
□□□ 695
❼
□□□ 696
❺
❻
❽
❾ □□□ 697
⓫ ❿
□□□ 698
□□□ 699
⓬ □□□ 700

692 demonstrate 示す
698 employ 雇用する
704 cozy 居心地のよい

693 transmit 伝送する
699 congestion 混雑

694 milestone 節目
700 reinforce 補強する

705 spread

[spréd] スプレド
動 広げる

スプレーで**レッド**を広げる

Jack **spread his work** all over his desk.
ジャックは机いっぱいに<u>彼の作品を広げた</u>。

706 involve

[inválv] イン**ヴァ**ルヴ
動 巻き込む

陰謀で**バルブ**が服を巻き込む

We **were involved in a big event**.
当社は<u>大きな出来事に巻き込まれた</u>。

707 candidate

[kǽndədèit] **キャ**ンディデイト
名 候補者

キャンドルの**日**と月を制定すると言う候補者

Patrick is **the best candidate** for this job.
パトリックはこの仕事の<u>最適な候補者</u>です。

708 dispatch

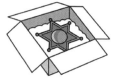

[dispǽtʃ] ディス**パ**チ
動 発送する

This バッチを発送する

We don't **dispatch outside the U.S.**
当社は<u>米国外に発送し</u>ません。

709 devoted

[divóutəd] ディ**ヴォ**ウテド
形 **献身的な**

デブが**ボー**トから**手で**助けようとするの
は**献身的な**こと

The brand found **a devoted fan base** in Japan.
そのブランドは日本で<u>献身的なファン層</u>を獲得した。

710 conclude

[kənklúːd] コンク**ルー**ド
動 **結論づける**

コーンが**来ると**結論づける

Kotaro **concluded that the printer was broken**.
コータローは<u>プリンターが壊れていると</u>結論づけた。

711 casual

[kǽʒuəl] **キャ**ジュアル
形 **偶然の**

カジュアルな服装は**偶然の**こと

I had **a casual meeting** with Ben at the bar.
バーでベンと<u>偶然の出会い</u>をした。

712 depart

[dipáːrt] ディ**パー**ト
動 **出発する**

デパートに向かって**出発する**

The next train departs at 10:23.
10時23分に<u>次の電車が出発</u>します。

713 scheme

[skíːm] スキーム
名 計画

好きな**芋**を食べる**計画**

Yolanda **suggested a scheme** to save electricity.
ヨランダは電気を節約するための計画を提案した。

714 liability

[làiəbíləti] ライアビリティ
名 負債

ライオンは**ビリ**になったので**負債**を背負った

You need to **pay off the liabilities** at once.
君はただちに負債を返済する必要がある。

715 withstand

[wiðstǽnd] ウィズスタンド
動 抵抗する

キィ**ウィズ**が**スタンド**で歌って**抵抗する**

The army **withstood massive attacks** from the enemy.
軍隊は敵の大規模な攻撃に抵抗した。

716 bureaucracy

[bjuərάkrəsi] ビュアラクラスィ
名 官僚主義

秒で**週6**らしい、**官僚主義**で働くのは

Bureaucracy prevailed in the public sector.
公共部門では官僚主義が蔓延していた。

717 index

[índeks] インデクス
名 索引

インクで**で**っか**く数**字を**索引**に書く

You should first **search the index**.
まず索引を検索するべきだ。

718 exploit

[ikspl⍥it] イクスプ**ロ**イト
動 開発する

エキスの**風呂行って**、新しい入浴剤を開発する

We obtained permission to **exploit the gold deposits**.
当社は金の鉱床を開発する許可を取得した。

719 flaw

[flɔ́:] フロー
名 欠陥

風呂〜に**欠陥**がある

The team **fixed the flaw** in the design.
チームは設計上の欠陥を修正した。

720 entitle

タイトルを決めてください。

[intáitl] イン**タ**イトル
動 権利を与える

円に**タイトル**を付ける**権利を与える**

All employees **are entitled to paid vacation.**
全従業員に有給休暇の権利が与えられている。

場所法で **覚える**

イラストをプレイスに置いて、場面を想像しよう。

□□□ **707**

□□□ **708**

□□□ **709**

□□□ **706**

❸

❹

❺

❷

❶

スポーツジム

各プレイス（❶〜⓰）
の名称は
p.341を参照。

□□□ **705**

⓮

⓯

⓰

□□□ **720**

タイトルを決めてください。

□□□ **719**

□□□ **718**

Words

705 spread 広げる
711 casual 偶然の
717 index 索引

706 involve 巻き込む
712 depart 出発する
718 exploit 開発する

707 candidate 候補者
713 scheme 計画
719 flaw 欠陥

304　Section 5

PART 1

PART 2

PART 3

PART 4

PART 5

708 dispatch 発送する　709 devoted 献身的な　710 conclude 結論づける
714 liability 負債　715 withstand 抵抗する　716 bureaucracy 官僚主義
720 entitle 権利を与える

721 education

[èdʒəkéiʃən] エヂュケイション
名 教育

絵で化粧する**教育**を受ける

Adrian did not **receive formal education**.
エイドリアンは<u>正式な教育を受け</u>なかった。

722 injury

[índʒəri] インヂャリ
名 けが

イン（中）の**砂利**（じゃり）で**けが**をする

His leg injury is not as bad as it looks.
<u>彼の脚のけが</u>は見た目ほどひどくない。

723 strategy

[strǽtədʒi] ストラテヂ
名 戦略

ストローで**ラテ**飲む**爺**が**戦略**を考える

The team **revised their strategy**.
チームは<u>戦略を修正した</u>。

724 emerge

[imə́:rdʒ] イマーヂ
動 出現する

「**え**っ！ **マ～ジ**！？」と言って**出現する**

A lot of new technology **has emerged in the last decade**.
多くの新技術が<u>ここ10年で出現した</u>。

725 utensil

[juːténsəl] ユーテンスィル
名 器具

雨天シールを器具に貼る

This factory manufactures **metal utensils**.
この工場では<u>金属器具</u>を製造している。

726 spare

[spéər] スペア
動 取っておく

スペアリブを**取っておく**

Jon **spared some time** for review.
ジョンはレビューのために<u>時間を取っておいた</u>。

727 purchase

[pə́ːrtʃəs] パーチェス
名 購入

ポーチ持って**椅子**の購入に行く

Thank you for **your recent purchase**.
<u>この度のご購入</u>ありがとうございます。

728 reasonable

[ríːzənəbl] リーズナブル
形 合理的な

リースのブルドッグを飼うのは**合理的な**こと

Sandra asked for **a reasonable change** to the contract.
サンドラは、契約内容の<u>合理的な変更</u>を求めた。

729 pursuit

[pərsúːt] パスート
名 追求

パパが**スーツ**で**追求**を行う

Companies prioritize **the pursuit of profit**.
会社は<u>利益の追求</u>を優先する。

730 revolution

[rèvəlúːʃən] レヴォ**ルー**ション
名 革命

レバーに**ローション**かけるなんて、**革命**!

The whole industry **is undergoing a revolution**.
業界全体が<u>革命を経験している</u>。

731 reflect

[riflékʃən] リフレクト
動 反射する

りんごと**フレーク**とが**反射する**イメージ

The lake **reflects the blue sky**.
湖は<u>青い空を反射している</u>。

732 layoff

[léiɔ̀ːf] レイオーフ
名 一時解雇

レイ
0 円なのに**オフ**を取ったら**一時解雇**になった

There were **many layoffs** in the car industry.
自動車業界では<u>多くの一時解雇</u>が行われた。

733 stack

[stǽk] スタク

名 積み重ね

巣が**たく**さんあるので、**積み重ね**てみる

Put the old newspapers **in a stack** by the door.
古新聞をドアのそばに積み重ねて置いて。

734 administration

[ədmìnəstréiʃən] アドミニスト**レ**イション

名 管理

「**あと**で**見**にきて、**すごい冷酒**あるから」
と**管理**のおばさん

The administration office accepted our suggestion.
管理事務所は私たちの提案を受け入れた。

735 hierarchy

[háiərà:rki] ハイアラーキ

名 階層

ハイな**あら〜**な**気**分で酔えるのは**階層**の差

This company does not have **a rigid hierarchy**.
この会社には厳格な階層はない。

736 navigate

[nǽvəgèit] **ナ**ヴィゲイト

動 航海する

ナビで**ゲート**まで**航海する**

I can see two ships **navigating off the coast**.
沖合を航海する2隻の船が見える。

309

□□□ 724
えっ！マ～ジ！？

□□□ 725

□□□ 723

④

⑤

□□□ 722

③

②

□□□ 721
フム
フム

①

⑮

部屋

各プレイス（①～⑯）
の名称は
p.341を参照。

⑭

□□□ 736

⑯

□□□ 735

□□□ 734

721 education 教育
727 purchase 購入
733 stack 積み重ね

722 injury けが
728 reasonable 合理的な
734 administration 管理

723 strategy 戦略
729 pursuit 追求
735 hierarchy 階層

310　Section 6

□□□ 726
□□□ 727
□□□ 728
□□□ 729
□□□ 730
□□□ 731
□□□ 732
□□□ 733

724 emerge 出現する
730 revolution 革命
736 navigate 航海する

725 utensil 器具
731 reflect 反射する

726 spare 取っておく
732 layoff 一時解雇

737
survival

[sərváivəl] サ**ヴァ**イヴァル
图 **生き残り**

サバイバルゲームの**生き残り**

Their only chance for survival was gone.
彼らの生き残りの唯一の可能性はなくなった。

738
nervous

[nə́ːrvəs] **ナ**ーヴァス
形 **神経質な**

ナースが**バス**の時間に**神経質な**様子

She is **nervous about the interview result.**
彼女は面接の結果に神経質になっている。

739
crash

[krǽʃ] ク**ラ**シュ
動 **衝突する**

倉に**シュ**ーマイが**衝突する**

I saw **two trucks crash** on the news.
ニュースで2台のトラックが衝突するのを見た。

740
ethnic

[éθnik] **エ**スニク
形 **民族の**

エス
Sと**肉**に書くのは**民族の**特徴だ

He is proud of **his ethnic identity.**
彼は自民族のアイデンティティに誇りを持っている。

741 contract

[kántrækt] カントラクト
名 契約（書）

紺のトラックと契約をする

Alan **signed the employment contract**.
アランは雇用契約書に署名した。

742 neglect

[niglékt] ニグレクト
動 無視する

根がグレているので無視する

Sergei **neglected the instructions**.
セルゲイは指示を無視した。

743 ecological

[èkəládʒikəl] エコラヂカル
形 生態系の

エコの力（ちから）は生態系の力

We aim to sustain development without destroying **the ecological balance**.
当社は生態系のバランスを壊さずに発展を維持します。

744 colleague

[káliːg] カリーグ
名 同僚

カレーの具は何がよいと同僚と話す

I had lunch **with a few colleagues**.
私は数人の同僚と昼食をとった。

745 procedure

[prəsíːdʒər] プロ**スィ**ーヂャ
名 **手続き**

プロら**しー、じゃー**私もジュースを買う**手続き**をします

You must **follow this procedure** exactly.
君は正確に<u>この手続きに従わ</u>なければならない。

746 equality

[ikwáləti] イク**ワ**リティ
名 **平等**

行くと**檻**の中に**ティー**があり、**平等**に飲める

Equality in the workplace is our company's goal.
<u>職場での平等</u>は当社の目標である。

747 temporary

[témpərèri] **テ**ンポレリ
形 **一時的な**

テンポよい**ラリー**は**一時的な**

He has **temporary permission** to use the Intranet.
彼はイントラネットを使う<u>一時的な許可</u>を受けている。

748 merger

[máːrdʒər] **マー**ヂャ
名 **合併**

マージャンしながら**合併**の話をする

The directors did not **approve a merger** of their company.
取締役は会社の<u>合併を承認し</u>なかった。

749 innovate

[ínəvèit] イノヴェイト

動 革新する

イノシシが**ベー**コン**と**卵の料理を**革新する**

We **are constantly innovating** to improve our products.
当社は、製品を改良するために常に革新している。

750 component

[kəmpóunənt] コン**ポ**ウネント

名 部品

梱包して**ネット**に包んだ**部品**

One of the components is missing.
部品の一つが欠落している。

751 proportion

[prəpɔ́:rʃən] プロ**ポ**ーション

名 割合

プロポーションがよい人の**割合**は少ない

A large proportion of the orders are from repeat customers.
注文の多くの割合は、リピーターによるものです。

752 dynamism

[dáinəmism] **ダ**イナミズム

名 活力

大な水を飲むと活力がわく

Her extraordinary dynamism helped her political career.
彼女の並外れた活力が、政治家のキャリアを後押しした。

□□□ 738

□□□ 739

□□□ 740

□□□ 737

校庭

各プレイス（❶～⓰）
の名称はp.341を参照。

□□□ 752

□□□ 751

□□□ 750

□□□ 749

Words

737 survival 生き残り
743 ecological 生態系の
749 innovate 革新する

738 nervous 神経質な
744 colleague 同僚
750 component 部品

739 crash 衝突する
745 procedure 手続き
751 proportion 割合

316   Section 7

752 800

741 紺色

742

743

744

745

746

747

748

740 ethnic 民族の
741 contract 契約（書）
742 neglect 無視する
746 equality 平等
747 temporary 一時的な
748 merger 合併
752 dynamism 活力

753 delay

[diléi] ディ**レ**イ

動 **遅らせる**

ディ**レ**クターが「**えぃ！**」と進行を**遅らせる**

Financial problems **delayed completion** of the project.
財務上の問題がプロジェクトの完成を遅らせた。

754 gratitude

[grǽtətʃùːd] グ**ラ**ティテュード

名 **感謝**

グ**ラ**タンを**10度**も作ってくれたので**感謝**

Lori **expressed her gratitude** for Max's help.
ロリはマックスの助けに感謝を表した。

755 reform

[rifɔ́ːrm] リ**フォ**ーム

名 **改革**

建物を**リフォーム**して**改革**を行う

The government implemented **a major tax reform**.
政府は一大税制改革を実施した。

756 refund

[ríːfʌnd] **リ**ーファンド

名 **返金**

りんごの**ファンド**す、りんごで**返金**をしてね

The customer **is asking for a refund**.
顧客は返金を求めている。

757 explode

[iksplóud] イクスプ**ロ**ウド
動 **爆発する**

いかす風呂～だ、と人気が**爆発する**

The engine **suddenly exploded**.
エンジンが<u>突然爆発した</u>。

758 qualify

[kwáləfài] ク**ワ**リファイ
動 **資格を得る**

<ruby>ク<rt></rt></ruby>**9割**が**ファイ**トと応援する**資格を得る**

Eric **is qualified to teach** the course.
エリックはこのコースを<u>教える資格を得ている</u>。

759 obviously

アスリート用

[ábviəsli] **ア**ブヴィアスリ
副 **明らかに**

帯は**アスリー**ト用、**明らかに**

She is **obviously mistaken**.
彼女は<u>明らかに間違っている</u>。

760 ultimate

[ʌ́ltəmət] **ア**ルティメト
形 **究極の**

大吟醸

主（あるじ）、**目と**舌で**究極の**酒を味わう

What is **your ultimate goal** in learning Chinese?
中国語を学ぶ<u>究極の目標</u>は何ですか。

761 directory

[dəréktəri] ディ**レ**クタリ
名 **住所録**

ダイレクトに**鳥**が**住所録**を持ってくる

My name is not **in this directory**.
私の名前は<u>この住所録に</u>載っていない。

---

762 anxiety

[æŋzáiəti] アング**ザ**イエティ
名 **不安**

暗記、最低！　と記憶力に**不安**

He **has anxiety** about giving a presentation.
彼はプレゼンテーションをすることに<u>不安を感じ
ている</u>。

---

763 systematic

[sìstəmǽtik] スィステ**マ**ティク
形 **体系的な**

シッ！　捨てまくって、**体系的な**やり方で

We conduct our business **in a systematic
way**.
私たちは<u>体系的な方法で</u>事業を遂行している。

---

764 rapport

[ræpɔ́ːr] ラ**ポ**ール
名 **信頼関係**

ラップを**ポ**ート（港）で歌い、**信頼関係**
を築く

Akira has **a good rapport** with his coworkers.
アキラは同僚と<u>良好な信頼関係</u>を有している。

765
offset

[ɔ́ːfsét] オーフ**セ**ト
動 相殺する

オフの日に**セット**で売って相殺する

A SWOT analysis will help find strengths to **offset weaknesses**.
SWOT分析では弱点を相殺する強みを発見できる。

766
slump

[slʌ́mp] ス**ラン**プ
名 不況

4番が**スランプ**だと会社は**不況**

The country has been in **an economic slump** for over 20 years.
この国は、20年以上も経済不況にある。

767
dialogue

[dáiəlɔ̀ːg] **ダ**イアローグ
名 対話

ダイヤで**録**音して**対話**をする

Mario's letter opened **a dialogue between the companies**.
マリオの手紙をきっかけに両社の対話が始まった。

768
surge

[sə́ːrdʒ] **サー**ヂ
動 急上昇する

<ruby>匙<rt>さーじ</rt></ruby> が急上昇する

Sales surged over the holiday weekend.
連休の週末には売上が急上昇した。

場所法で
覚える

イラストをプレイスに置いて、場面を想像しよう。

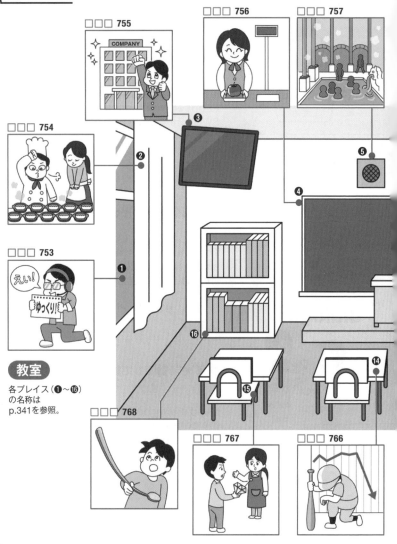

□□□ 755

COMPANY

□□□ 756

□□□ 757

❸

❷

□□□ 754

❺

❹

□□□ 753

えい！

ゆっくり！

❶

⓰

教室

各プレイス（❶〜⓰）
の名称は
p.341を参照。

□□□ 768

⓯

⓮

□□□ 767

□□□ 766

Words

753 delay 遅らせる	**754** gratitude 感謝	**755** reform 改革
759 obviously 明らかに	**760** ultimate 究極の	**761** directory 住所録
765 offset 相殺する	**766** slump 不況	**767** dialogue 対話

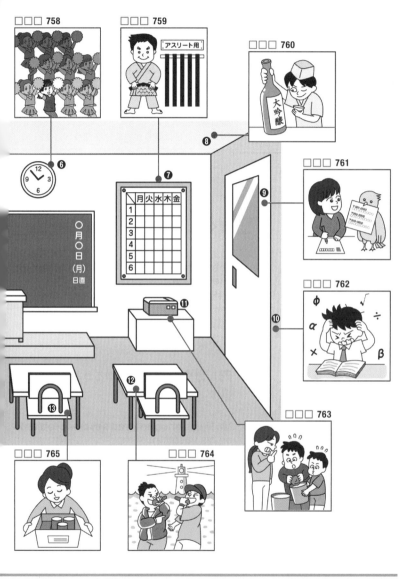

756 refund 返金
762 anxiety 不安
768 surge 急上昇する

757 explode 爆発する
763 systematic 体系的な

758 qualify 資格を得る
764 rapport 信頼関係

769 material

[mətíəriəl] マ**ティ**アリアル
名 **素材**

マテ茶の**リアル**な**素材**を調べる

We should use **a soft material** for the cushions.
クッションには柔らかい素材を使うべきだ。

770 executive

[igzékjətiv] イグ**ゼ**キュティヴ
名 **幹部**

行くぜ、と**急**に**チップ**出す**幹部**

The company has hired **three senior executives**.
会社は3人の上級幹部を雇用した。

771 encounter

[inkáuntər] イン**カ**ウンタ
動 **遭遇する**

円を**カウンター**から取ろうとする人に**遭遇する**

Mr. Nagai **encountered several problems** on his vacation.
ナガイ氏は、休暇中にいくつかの問題に遭遇した。

772 substitute

[sʌ́bstətʃùːt] **サ**ブスティテュート
動 **代替する**

「**サブ**っす」、**地中と**空中の生徒で**代替する**

I'll **substitute milk** with water.
水で牛乳を代替します。

773 principle

［prínsəpl］プリンスィプル

名 原理

プリンが**渋る**のはどうしてか？ その**原理**を考える

The principle of this experiment is quite simple.
この実験の原理は非常に単純だ。

774 reliable

［riláiəbl］リ**ラ**イアブル

形 信頼できる

リタイアした**ブル**ドッグは**信頼できる**

That is **a reliable taxi company**.
それは信頼できるタクシー会社である。

775 permanent

［pə́:rmənənt］**パ**ーマネント

形 永久の

パーマに**熱湯**かけて**永久の**髪型にする

The speaker appealed for **permanent peace**.
講演者は永久の平和を訴えた。

776 breed

［brí:d］ブリード

動 子を産む

ブリが**井戸**で**子を産む**

Horses typically **breed in spring and early summer**.
馬は普通、春から初夏にかけて子を産む。

777 propose

[prəpóuz] プロ**ボ**ウズ
動 **提案する**

プロポーズする場面を**提案する**

Dirk **proposed having lunch together**.
ダークは一緒に昼食を食べようと提案した。

778 facility

[fəsíləti] ファ**スィ**リティ
名 **施設**

ファットな**尻して**るので**施設**に行かせる

Our sports facility is a bit outdated.
私たちのスポーツ施設は少し古くなっている。

779 recession

[riséʃən] リ**セ**ション
名 **不況**

リアルで**セッション**すれば**不況**にはならない

Many small businesses closed **during the recession**.
不況の間、多くの中小企業が廃業した。

780 leap

[líːp] **リープ**
動 **跳ぶ**

リーフ（葉）が**プ**ヨ～ンと**跳ぶ**

Susan **leaped out of bed**.
スーザンはベッドから跳びだした。

781
□□□
patent

[pǽtənt] パテント
名 特許

パテで**テント**を作り、**特許**を取る

Mr. Yang **received a patent** for his earphone design.
ヤン氏は、イヤホンの設計で特許を取得した。

782
□□□
personnel

[pə̀ːrsənél] パーソネル
名 職員

パーに**損**と書いて**寝る**職員

Please **tell all personnel** about the change.
その変更について全ての職員に伝えてください。

783
□□□
resume

[rizjúːm] リズューム
動 再開する

リスが**梅**を食べるのを**再開する**

We will **resume the meeting** after lunch.
昼食後に会議を再開します。

784
□□□
subscribe

[səbskráib] サブスクライブ
動 定期購読する

サブスクで**ライブ**を**定期購読する**

Nicolo **subscribes to the magazine**.
ニコロはその雑誌を定期購読している。

□□□ 771

□□□ 772

□□□ 773

ジュース

❸

❹

❺

□□□ 770

❷

❶

□□□ 769

マテ茶

プール

各プレイス（❶〜⑯）
の名称は
p.341を参照。

⑮

⑯

⑭

□□□ 784

□□□ 783

□□□ 782

損

ZZZ

Words

769 material 素材　　　770 executive 幹部　　　771 encounter 遭遇する
775 permanent 永久の　776 breed 子を産む　　777 propose 提案する
781 patent 特許　　　　782 personnel 職員　　　783 resume 再開する

□□□ 774　□□□ 775　□□□ 776

□□□ 777

□□□ 778

□□□ 779

□□□ 781　□□□ 780

772 substitute 代替する　773 principle 原理　774 reliable 信頼できる
778 facility 施設　779 recession 不況　780 leap 跳ぶ
784 subscribe 定期購読する

785
limit

[límət] リミット

動 限定する

使えるものを**リス**は**ミット**に限定する

We need to **limit the number of overtime hours.**
残業時間を限定する必要がある。

786
emotional

[imóuʃənəl] イモウショナル

形 感情的な

えっ猛暑なの？　感情的な落ち込み

That guy **gets emotional** easily.
あいつはすぐに感情的になる。

787
beforehand

[bifɔ́ːrhænd] ビフォーハンド

副 事前に

ビフォー（前）に**ハンド**を、事前に置いておく

Tim **made the reservations beforehand.**
ティムは事前に予約をした。

788
punish

[pʌ́niʃ] パニシュ

動 罰する

パンに**シュ**ーをくっ付けたので罰する

Do not **punish your team** for telling the truth.
真実を語ったことでチームを罰しないでください。

789 portion

[pɔ́ːrʃən] ポーション
名 部分

ぽ〜としよう、と酒を部分に分ける

A portion of our profits will be given to charity.
当社の利益の一部分は慈善団体に寄付される。

790 exhaust

[igzɔ́ːst] イグゾースト
動 使い果たす

エッグにソースとケチャップかけて使い果たす

We've already **exhausted the brochures**.
すでにパンフレットを使い果たしてしまった。

791 dispose

[dispóuz] ディスポウズ
動 処分する

Thisポーズの人形を処分する

Please **dispose of old laptops** securely.
古いノートパソコンを安全に処分してください。

792 emphasize

ドレミ ファ
ソラシド ♪

[émfəsàiz] エンファサイズ
動 強調する

円の中の「ファ」のサイズを大きくして強調する

Mr. Ogata **emphasized the importance** of compliance.
オガタ氏はコンプライアンスの重要性を強調した。

793 infer

[ínfə́ːr] インファー
動 推論する

イン（室内）に**ファ～**と煙が入ってきた と推論する

We can **reasonably infer** that he knew the information.
彼はその情報を知っていたと<u>合理的に推論</u>できる。

794 mixture

[míkstʃər] ミクスチャ
名 混合

ミックスジュースと**茶**を入れて**混合**

The theme of the story is **the mixture of two different cultures**.
物語のテーマは<u>2つの異文化の混合</u>である。

795 premium

[príːmiəm] プリーミアム
名 賞、賞金

プレミアム商品を作って賞をもらう

The sales reps **got a premium of $5,000**.
営業担当者は<u>5,000ドルの賞金を獲得</u>した。

796 imitate

[ímətèit] イミテイト
動 真似をする

意味の**程度**わからないけど真似をする

Vicki **imitated her coworkers** at the party.
ヴィッキーはパーティーで<u>同僚の真似をした</u>。

797 policy

[pάləsi] パリスィ
名 政策

ポリスが「**シー**」と言うのは**政策**を考えているから

The country relaxed **its immigration policy**.
国は移民政策を緩和した。

798 commerce

[kάmə:rs] カマース
名 商業

ごまを**する**ことが**商業**では大切だ

Manila acts as **a regional hub of commerce**.
マニラは、地域の商業拠点として機能している。

799 collaboration

[kəlæbəréiʃən] コラボ**レイ**ション
名 協力

コラボの**例**の**商**品、**協力**をして作る

The two companies agreed to **promote collaboration**.
両社は協力を促進することに合意した。

800 terminate

[tə́:rmənèit] **ターミネイト**
動 終わらせる

ターミナル駅が**ねーと**、どう**終わらせる**？

We've decided to **terminate our relationship**.
私たちは関係を終わらせることにした。

場所法で **覚える**　イラストをプレイスに置いて、場面を想像しよう。

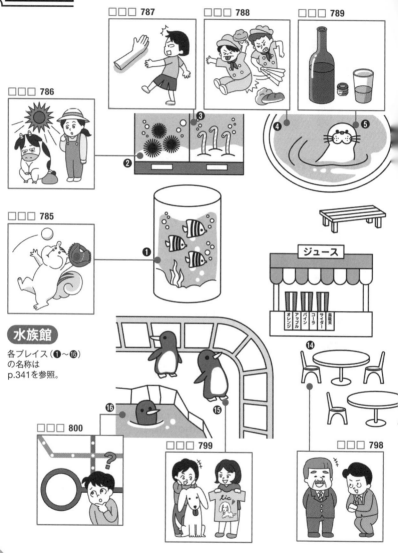

☐☐☐ 787

☐☐☐ 788

☐☐☐ 789

☐☐☐ 786

❷ ❸ ❹ ❺

☐☐☐ 785

❶

ジュース

オレンジ｜アップル｜パイン｜コーラ｜サイダー｜烏龍茶

水族館

各プレイス（❶〜⓰）
の名称は
p.341を参照。

⓰ ⓯ ⓮

☐☐☐ 800

☐☐☐ 799

☐☐☐ 798

tic

Words

785 limit 限定する	786 emotional 感情的な	787 beforehand 事前に
791 dispose 処分する	792 emphasize 強調する	793 infer 推論する
797 policy 政策	798 commerce 商業	799 collaboration 協力

790

791

792

ドレミ **ファ**
ソラシド♪

793

794

795

796

797

売店

会議中

788 punish 罰する
794 mixture 混合
800 terminate 終わらせる

789 portion 部分
795 premium 賞、賞金

790 exhaust 使い果たす
796 imitate 真似をする

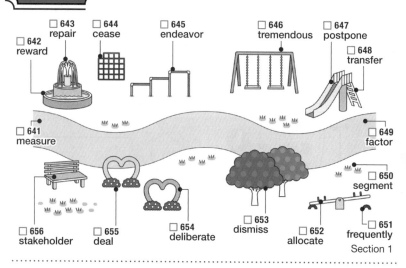

□ 642 reward
□ 643 repair
□ 644 cease
□ 645 endeavor
□ 646 tremendous
□ 647 postpone
□ 648 transfer
□ 641 measure
□ 649 factor
□ 650 segment
□ 656 stakeholder
□ 655 deal
□ 654 deliberate
□ 653 dismiss
□ 652 allocate
□ 651 frequently

Section 1

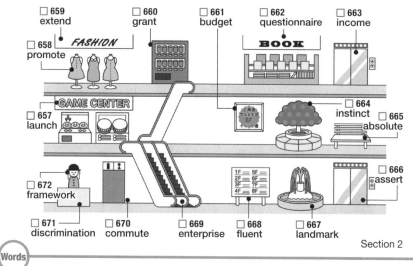

□ 659 extend
□ 660 grant
□ 661 budget
□ 662 questionnaire
□ 663 income
□ 658 promote
□ FASHION
□ BOOK
□ 664 instinct
□ 665 absolute
□ GAME CENTER
□ 657 launch
□ 8F
□ 666 assert
□ 672 framework
□ 671 discrimination
□ 670 commute
□ 669 enterprise
□ 668 fluent
□ 667 landmark

Section 2

Words

641 手段	642 報酬	643 修理	644 やめる	645 努力する	646 ものすごい
647 延期する	648 移す	649 要素	650 区分	651 頻繁に	652 割り当てる
653 解散する	654 慎重な	655 取引	656 利害関係者		
657 開始する	658 促進する	659 延長する	660 与える	661 予算	662 アンケート
663 収入	664 本能	665 絶対的な	666 主張する	667 目印	668 流ちょうな
669 事業	670 通勤する	671 差別	672 枠組み		

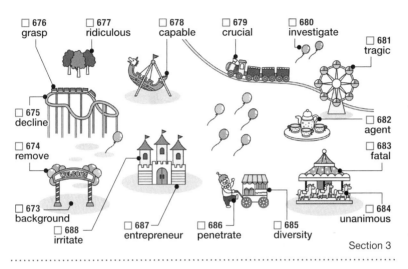

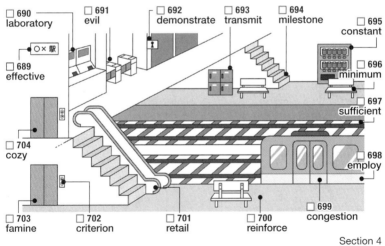

Section 3

Section 4

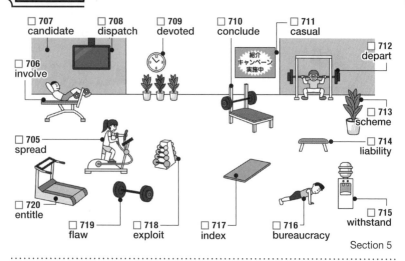

Section 5

- □ 707 candidate
- □ 708 dispatch
- □ 709 devoted
- □ 710 conclude
- □ 711 casual
- □ 712 depart
- □ 706 involve
- □ 713 scheme
- □ 705 spread
- □ 714 liability
- □ 720 entitle
- □ 715 withstand
- □ 719 flaw
- □ 718 exploit
- □ 717 index
- □ 716 bureaucracy

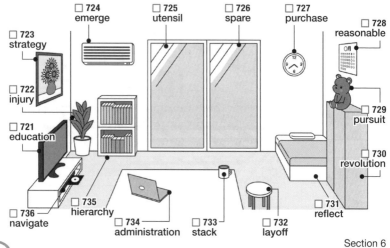

Section 6

- □ 724 emerge
- □ 725 utensil
- □ 726 spare
- □ 727 purchase
- □ 728 reasonable
- □ 723 strategy
- □ 722 injury
- □ 729 pursuit
- □ 721 education
- □ 730 revolution
- □ 736 navigate
- □ 735 hierarchy
- □ 734 administration
- □ 733 stack
- □ 732 layoff
- □ 731 reflect

Words

705 広げる	706 巻き込む	707 候補者	708 発送する	709 献身的な	710 結論づける
711 偶然の	712 出発する	713 計画	714 負債	715 抵抗する	716 官僚主義
717 索引	718 開発する	719 欠陥	720 権利を与える		
721 教育	722 けが	723 戦略	724 出現する	725 器具	726 取っておく
727 購入	728 合理的な	729 追求	730 革命	731 反射する	732 一時解雇
733 積み重ね	734 管理	735 階層	736 航海する		

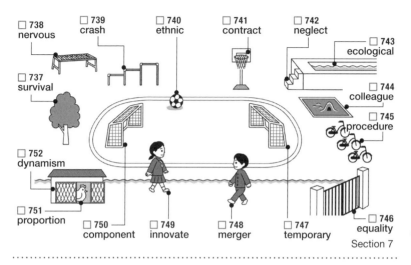

☐ 738 nervous
☐ 739 crash
☐ 740 ethnic
☐ 741 contract
☐ 742 neglect
☐ 743 ecological
☐ 737 survival
☐ 744 colleague
☐ 745 procedure
☐ 752 dynamism
☐ 751 proportion
☐ 750 component
☐ 749 innovate
☐ 748 merger
☐ 747 temporary
☐ 746 equality

Section 7

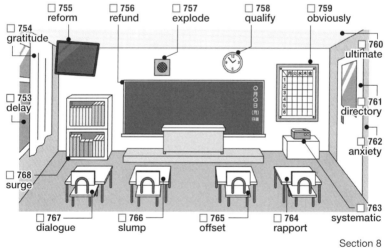

☐ 754 gratitude
☐ 755 reform
☐ 756 refund
☐ 757 explode
☐ 758 qualify
☐ 759 obviously
☐ 760 ultimate
☐ 753 delay
☐ 761 directory
☐ 762 anxiety
☐ 768 surge
☐ 767 dialogue
☐ 766 slump
☐ 765 offset
☐ 764 rapport
☐ 763 systematic

Section 8

737 生き残り	738 神経質な	739 衝突する	740 民族の	741 契約（書）	742 無視する
743 生態系の	744 同僚	745 手続き	746 平等	747 一時的な	748 合併
749 革新する	750 部品	751 割合	752 活力	753 遅らせる	755 改革
756 返金	757 爆発する	758 資格を得る	759 明らかに	760 究極の	761 住所録
762 不安	763 体系的な	764 信頼関係	765 相殺する	766 不況	767 対話
768 急上昇する					

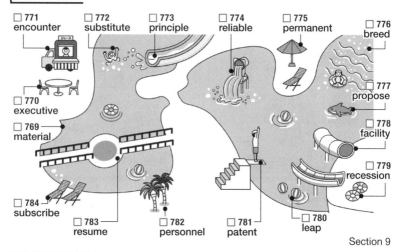

- ☐ 771 encounter
- ☐ 772 substitute
- ☐ 773 principle
- ☐ 774 reliable
- ☐ 775 permanent
- ☐ 776 breed
- ☐ 770 executive
- ☐ 769 material
- ☐ 777 propose
- ☐ 778 facility
- ☐ 779 recession
- ☐ 784 subscribe
- ☐ 783 resume
- ☐ 782 personnel
- ☐ 781 patent
- ☐ 780 leap

Section 9

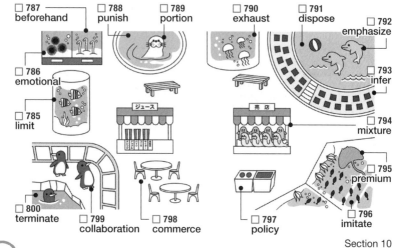

- ☐ 787 beforehand
- ☐ 788 punish
- ☐ 789 portion
- ☐ 790 exhaust
- ☐ 791 dispose
- ☐ 792 emphasize
- ☐ 786 emotional
- ☐ 785 limit
- ☐ 793 infer
- ☐ 794 mixture
- ☐ 795 premium
- ☐ 800 terminate
- ☐ 799 collaboration
- ☐ 798 commerce
- ☐ 797 policy
- ☐ 796 imitate

Section 10

Words

769 素材	770 幹部	771 遭遇する	772 代替する	773 原理	774 信頼できる
775 永久の	776 子を産む	777 提案する	778 施設	779 不況	780 跳ぶ
781 特許	782 職員	783 再開する	784 定期購読する		
785 限定する	786 感情的な	787 事前に	788 罰する	789 部分	790 使い果たす
791 処分する	792 強調する	793 推論する	794 混合	795 賞	796 真似をする
797 政策	798 商業	799 協力	800 終わらせる		

プレイス一覧

Section1
公園

❶道（左）
❷噴水
❸噴水の水
❹ジャングルジム
❺鉄棒
❻ブランコ
❼すべり台
❽すべり台の階段
❾道（右）
❿草むら
⓫シーソーのタイヤ
⓬シーソー
⓭樹木
⓮オブジェ
⓯お花畑
⓰ベンチ

Section2
モール
（ショッピングモール）

❶ゲームセンター
❷マネキン
❸洋服屋
❹自動販売機
❺イベント看板
❻本屋
❼エレベーター（上）
❽植物
❾ベンチ
❿エレベーター（下）
⓫噴水
⓬館内案内版
⓭エスカレーター
⓮トイレ
⓯受付
⓰受付の人

Section3
遊園地

❶入場ゲート
❷ゲートの風船
❸ジェットコースター
の線路
❹ジェットコースター
❺樹木
❻バイキング
❼汽車
❽飛んだ風船
❾観覧車

❿ティーカップ
⓫メリーゴーランド
⓬メリーゴーランド
の木馬
⓭ポップコーン売り
の車
⓮ポップコーン売り
のピエロ
⓯お城
⓰お城の塔

Section4
駅

❶駅の表示
❷精算機
❸改札
❹トイレ
❺コインロッカー
❻階段
❼自動販売機
❽ベンチ
❾線路
❿電車
⓫電車の扉
⓬ホーム
⓭エスカレーター
⓮エレベーターのボ
タン
⓯エレベーター（下）
⓰エレベーター（上）

Section5
スポーツジム

❶クロストレーナー
❷腹筋マシン
❸壁
❹テレビ（モニター）
❺壁掛け時計
❻ベンチプレス
❼ポスター
❽スクワット用バー
ベル
❾観葉植物
❿椅子
⓫ウォーターサーバー
⓬腕立てをしている人
⓭マット
⓮ダンベル
⓯床に置いてあるバ
ーベル
⓰ランニングマシン

Section6
部屋

❶テレビ
❷観葉植物
❸壁の絵
❹エアコン
❺窓（左）
❻窓（右）
❼壁掛け時計
❽カレンダー
❾ぬいぐるみ
❿たんす
⓫ベッド
⓬椅子
⓭マグカップ
⓮ノートパソコン
⓯本棚
⓰ブルーレイレコー
ダー

Section7
校庭

❶樹木
❷うんてい
❸鉄棒
❹サッカーボール
❺バスケットゴール
❻プールの階段
❼プール
❽砂場
❾自転車置き場
❿校門
⓫サッカーゴール（右）
⓬男の子
⓭女の子
⓮サッカーゴール（左）
⓯ニワトリ
⓰ニワトリ小屋

Section8
教室

❶窓
❷カーテン
❸テレビ（モニター）
❹黒板
❺スピーカー
❻壁掛け時計
❼時間割
❽天井
❾扉

❿壁
⓫黒板消しクリーナー
⓬机（右）
⓭椅子（右）
⓮机（左）
⓯椅子（左）
⓰本棚

Section9
プール

❶流れるプール
❷テーブルと椅子
❸ジュース売りの車
❹飛び込んだ人
❺ウォータースライ
ダー
❻巨大バケツ
❼ビーチパラソル
❽波のプール
❾シャチの遊具
❿大きなウォーター
スライダー
⓫浮き輪
⓬ビーチボール
⓭飛び込み台
⓮ヤシの木
⓯島と橋
⓰サマーベッド

Section10
水族館

❶円柱水槽
❷ウニの水槽
❸ガーデンイールの
水槽
❹アザラシプール
❺アザラシ
❻クラゲ水槽
❼イルカプール
❽イルカ
❾観覧席
❿ぬいぐるみの売店
⓫エイ
⓬小魚の群れ
⓭ゴミ箱
⓮休憩所
⓯ペンギン
⓰ペンギンプール

索引

ページ数は、見出し語として扱われているページ（「イメージとストーリーで覚える」ページ）で示しました。

❖英文執筆　　　　　Lara Nakazawa
❖英文校閲　　　　　James BUCK
❖編集協力　　　　　久松紀子
❖ナレーション　　　Peter von Gomm
　　　　　　　　　　石川舜一郎

❖装丁・本文デザイン　㈱志岐デザイン事務所（室田敏江）
❖DTP　　　　　　　㈱シーアンドシー

記憶王が伝授する

場所法 英単語

2021年9月10日　第1刷発行

監修　　　安河内哲也
編著　　　青木健
イラスト　田中香名子
発行者　　株式会社三省堂　　代表者　瀧本多加志
印刷者　　三省堂印刷株式会社
発行所　　株式会社三省堂
　　　　　〒101-8371
　　　　　東京都千代田区神田三崎町二丁目22番14号
　　　　　電話　編集　（03）3230-9411
　　　　　　　　営業　（03）3230-9412
　　　　　https://www.sanseido.co.jp/

©Takeru Aoki 2021
Printed in Japan
〈場所法 英単語・352pp.〉
落丁本・乱丁本はお取替えいたします。
ISBN978-4-385-36142-0